Rosemarie Studera Petzo.

Keep smiling, Rose

Vom Wachtposten unbemerkt
erhielt ich FJW Kellys' Kassiber
„Keep smiling, Rose"
und sie erhellten für wenige Momente
das Dunkel in meiner Zelle

Rosemarie Studera Petzold

Keep smiling, Rose

1946–1947

313 Tage in der Gewalt
des sowjetischen Geheimdienst NKWD

Fotos/Dokumente: Rosemarie Studera
Layout: VMR, Leipzig
Druck: DigitalDruckFabrik, Leipzig

ISBN 978-3-00-031878-8

„Kraft gab auch mein Lindenbaum“

… von mal zu mal gelang es mir besser,
die Holzverschalung am Fenster
auseinanderzuschieben und ich sah
in die Baumkrone einer herrlichen Linde
und ich lernte wieder ein Gebet …

Ich möchte mich bedanken ...

bei der Bundesstiftung zur Aufarbeitung der SED Diktatur, Berlin – Frau Dr. Anne Kaminsky und Frau Dr. Sabine Ross – ohne ihre großzügige Unterstützung wäre es mir nicht möglich gewesen, meine Geschichte zu veröffentlichen.

Bei Frau Gabriele Schnell, Koordinatorin der Potsdamer Gedenkstätte „Lindenstraße 54/55 für die Opfer politischer Gewalt im 20. Jahrhundert“, dass sie mir bei meinen Recherchen im und um das Gefängnis „Potsdam/Lindenstraße“ zu jeder Zeit gern und sachkundig entgegen kam.

Meiner Lektorin, Frau Bettine Reichel, für ihre professionelle Überarbeitung des Textes und meiner Producerin, Frau Monika Rohde, für die Gestaltung und Form. Ich möchte hiermit beiden Damen herzlichen Dank aussprechen.

Besondere Anerkennung auch dem Ehepaar Dr. Cornelie und Thomas Sonntag-Wolgast und dem Historiker Dr. Dieter Kürschner für ihre Anregungen und wertvollen Hinweise zum Gelingen meiner Geschichte.

Für meine Familie

Meinen Kindern danke ich nicht nur für ihr Engagement, mit dem sie meine Schilderungen begleitet haben.
Ihr Mitgefühl war bewegend.
Ich möchte auch über sie und ihren Familien in die Zukunft hinein das Interesse an meiner Geschichte wach halten.

Ich wollte mit der Aufzeichnung meines Schicksals verdeutlichen, dass viele willkürliche Aktionen in den ersten Nachkriegsjahren nicht immer als ein Akt der „Säuberung“ und der Vergeltung für die Verbrechen der NS-Dikatur zu verstehen sind.
Es hat auch viele unschuldige Personen getroffen!
Die Methoden des sowjetischen Geheimdienst, NKWD, ließen bei Anklage und Verurteilung keine Gerechtigkeit walten.

Inhaltsverzeichnis

1990

Als ich 1947 am 21. Juni, gerade 19 Jahre alt aus dem NKWD Gefängnis, Potsdam-Lindenstraße entlassen wurde und nach elf Monaten unschuldig verbüßter Haft nach Hause kam, wurde mit Vater und Mutter nur einmal über die tragischen Ereignisse in ihrem erschreckenden Ausmaß gesprochen und danach für alle Zeit mit einem Tabu belegt.
Dreiundvierzig Jahre lang lag ein Mantel des Schweigens über den Ereignissen, die mein Leben zutiefst prägten.

1948 setzte ich mein Studium fort, wurde Ehefrau und Mutter von fünf Kindern.
Heute bin ich siebenfache Großmutter und zweimal Urgroßmutter.
Meine Familie setzte ich zu gegebener Zeit mit wenigen aber unumgänglichen Details über die Haftzeit in Kenntnis.

Im Jahr 1990 nach der friedlichen Revolution im DDR-Staat konnte ich das Potsdamer Gefängnis, meine ehemalige Zelle und die Vernehmungsräume zum ersten Mal als Besucher wieder betreten.
Der Blick zurück, die Konfrontation mit der Vergangenheit provozierten einen unwiderstehlichen Drang, dieses schreckliche Kapitel aus meiner Vergangenheit noch einmal aufzuschlagen und mit der Aufarbeitung zu beginnen.
Berichte in den Medien über die Straflager des NKWD/MGB in Russland und in Deutschland, die aufgefundenen Massengräber tausender unschuldigen politischen Opfer, meine Mit-

gliedschaft im BSV/VOS und damit verbunden, die Kontakte zu ehemaligen Mithäftlingen, das alles gab Anlass, auch zu meiner Haftzeit etwas zu sagen.
Ich hatte den wohl verständlichen Wunsch, die Nachforschung nach Frank James William Kelly aufzunehmen, um zu erfahren wie es ihm ergangen war. Auch wollte ich mit seinem Dazutun die ganze Wahrheit zu den Anschuldigungen des NKWD von damals herauszufinden.

Es lagen nunmehr 50 Jahre zwischen meiner Inhaftnahme und dem Tag, an dem ich eine erste Dokumentation zu dieser schicksalsschweren Zeit schrieb. Zunächst hatte ich doch Befürchtungen, exakte Erinnerungen an die Haft vergessen oder verdrängt zu haben. Primär wegen der vielen Jahre dazwischen und auch der politischen Unmöglichkeit in der DDR, diese Zeit erwähnen zu dürfen.
Aber von einem Erlebnis zum anderen erschien jeder dort verbrachter Tag wieder greifbar nahe.

Jetzt schreiben wir das Jahr 2010. Ich habe erneut an meiner Geschichte geschrieben. Wieder könnte zweiflerisch nachgefragt werden wie es denn möglich ist, diese lang vergangene Zeit so intensiv zurückzuholen. Es ist möglich. Mit jedem Blick zurück und jeder geistigen Verarbeitung, präsentieren sich die Geschehnisse stärker in Erinnerung, oft in beängstigend spürbarer Realität.
Vieles beschrieb ich in einer angemessenen Ausführlichkeit. Aber auch jetzt habe ich entschieden, die Öffentlichkeit an der Tragik einzelner Erlebnisse nicht teilhaben zu lassen.

Leipzig, im April 1945

Amerikanische Truppen besetzten Leipzig und befreiten uns von den Ängsten des Krieges: Sirenengeheul und Bombenangriffe, Furcht vor Vergeltung und einer sinnlosen Verteidigung der Stadt.
Wir standen vor einem Trümmerhaufen: Deutschland gab es nicht mehr, unsere Stadt war zerstört und eine Lebensplanung war vorerst unmöglich geworden. Aber wir lebten und waren trotz aller Entbehrungen gesund. Ich war 18 Jahre alt, einzige und wohlbehütete Tochter und noch Schülerin der „Gaudigschule" (Mädchengymnasium) in Leipzig.
Dem Schulbesuch regelmäßig nachzugehen, war in den letzten Monaten nur sehr eingeschränkt möglich gewesen. Anfangs infolge ständiger Alarmbereitschaft wegen der Bomben- und Tieffliegerangriffe und der um Leipzig anhaltenden Gefechte, mit der Gefahr von Granatsplittern getroffen zu werden. Später wegen des allgemeinen Chaos nach Ende des Krieges und der noch ungewissen Situation in der Stadt. Das Schulsystem in seiner Gesamtheit musste natürlich auch erst einmal entnazifiziert werden.

Zwangsläufig, den Umständen der letzten Kriegshandlungen entsprechend, hatten wir uns im Luftschutzkeller heimisch eingerichtet. Jetzt, davon erlöst, zogen wir wieder in die Wohnung zurück. Körper und Seele konnten aufatmen und mit einem heißen Bad von mehr als nur den Nachwirkungen des Krieges gesäubert werden.

In diesen Tagen, im April und Mai 1945, war das Wetter wunderschön. Das wirkte sich auch positiv auf unsere Gemüter aus. Wir blickten optimistisch in die Zukunft.
Oft hatten wir Hunger, denn die Markeneinteilung war weniger als bescheiden. Häufig gab es nicht einmal das, was uns theoretisch zustand. Noch kärglicher war die Qualität. Aus allem möglichen Ersatz wurde etwas gemacht. Aber der Magen war gefüllt und auch nach mit Stearin gebratenen Kartoffelpuffern, Rübensuppe und Kaffeesatztorte war man gesättigt.
Ab 22 Uhr hatten wir Ausgangssperre. US-Militärpolizei kontrollierte die Straßen, ob deutsche Einwohner diese Anordnung auch befolgten. Das war besonders für uns Jugendliche ärgerlich. Die Tage blieben lange hell und wir wollten uns auch wieder draußen vergnügen. Aber nach der Sperrstunde durften die Wohnungen nicht mehr verlassen werden und es war besser, sich daran zu halten.
Einige kleine Häuser hatten die GIs beschlagnahmt und sich dort Unterkünfte eingerichtet.
Sie zeigten sich überwiegend nicht als „feindliche Macht" und waren der deutschen Bevölkerung gegenüber freundlich gesinnt. Aber man konnte auch schlechte Erfahrungen machen. Nicht immer ging es, selbst bei den Offizieren, kontrolliert und harmonisch zu.
Bis auf einen gelegentlich vorbei fahrenden Kontrolljeep der US Army, besetzt mit zwei oder drei GIs, sahen wir in unserer Straße wenig von den Besatzern. Der Tagesablauf nahm allmählich wieder geregelte Formen an.
Da waren noch Schulfreunde, die auch die letzten Wochen im Kriegseinsatz gesund überstanden hatten und nach kurzer

Gefangenschaft wieder nach Hause kamen. Nur ein Jugendfreund, der als Einziger seiner Flak-Einheit direkt vor Leipzig sein Leben lassen musste, kehrte nicht zurück.
Arndt war der jüngste von drei Söhnen einer Familie, die alle drei einem sinnlosen Krieg zum Opfer fielen.
Im Juni, etwa zehn Wochen später zog die US Army ab und Leipzig wurde von der „Roten Armee", dem sowjetischen Militär, besetzt.
Der Russe hatte mir nichts getan, aber ich mochte ihn nicht. Vielleicht war er mir einfach nur zu fremd.

Jetzt mussten aber Entscheidungen getroffen werden. Einige Freunde und Bekannte zogen es vor, dem Amerikaner westwärts zu folgen. Wir, die wir bleiben wollten oder auch bleiben mussten, hatten das möglichst Beste aus dieser neuen Situation zu machen.
Schon als junges Mädchen wollte ich nicht in Leipzig meine Zukunft sehen. Mein Wunsch war es, in die weite, fremde Welt zu gehen. Ich träumte davon, mich beruflich in einem anderen Land zu engagieren, andere Menschen und Kulturen kennenzulernen.
Diesen Bewegungsdrang hatte ich sicher von meinem Vater übernommen. Als Künstler reiste er noch viel ins Ausland, ständig auf der Suche nach neuen Motiven für seine Malerei. Meine Mutter war stets mit ihm zusammen aber sie galt als der ruhende und ausgleichende Pol.
Meine Eltern unterstützten meinen Entschluss, die Schule sofort zu beenden, mein Interesse und meine Begabung für Sprachen zu nutzen und ein Sprachstudium am Dolmetscher-

institut in Leipzig, einer universitären Einrichtung, aufzunehmen.
Nach einem dreijährigen Studium konnte ich dort einen Abschluss als Dolmetscher und Übersetzer erwerben und gleichzeitig die erforderliche Hochschulreife erreichen, um an der Universität ein weiterbildendes Anglistik-Studium aufzunehmen.
Mein Ziel war eine höhere berufliche Laufbahn anzugehen, um einmal im auswärtigen Dienst oder als Lehrkraft arbeiten zu können.
Im Herbst 1945 nach einer Eignungsprüfung für Englisch belegte ich das erste Semester am Dolmetscherinstitut.

Noch aber lebten wir in einer kritischen und unaufgeräumten Nachkriegszeit. Schon der nächste Tag konnte alle diese Zukunftspläne scheitern lassen
Der Weg zum Institut war zu dieser Zeit nicht unbedingt sicher: Einstürzende Ruinen, auch Blindgänger und Zeitzünder waren für Passanten gefährlich. Vorsicht war permanent geboten.
Ebenso war auf den Straßen mit Kontrollen der sowjetischen Militärpolizei zu rechnen. Es war wichtig, die Papiere, das war zu dieser Zeit eine Kennkarte, immer bei sich zu haben. Wenn man nicht unangenehm auffiel oder sich widersetzte, hatte man grundsätzlich keine Probleme und kam auch mit dem sowjetischen Militär zurecht.
Wir waren jetzt eine „SBZ“, eine sowjetische Besatzungszone und hatten uns vorerst dem Reglement dieser Militärregierung zu fügen.

Die Unterrichtsräume im Institut hatte man in der City in einem Messehaus untergebracht. Die kleinen Kojen gaben für je eine Sprachstufe entsprechenden Platz. Wir hatten hervorragende Lehrkräfte und Muttersprachler und durften uns nur der englischen Sprache bedienen. Es machte mir viel Spaß und ich war sicher, mit diesem Studium die richtige Entscheidung getroffen zu haben.
Ein britischer Offizier, der des Öfteren das Rektorat besuchte, erregte meine und die Neugier der anderen Studentinnen. Er sah gut aus, hochgewachsen, hatte volles schwarzes Haar, eine interessante und attraktive Persönlichkeit. Ich lief ihm im Haus gern über den Weg.
Sowjetische Uniformen waren soweit bekannt. Man begegnete ihnen allerorts. Die Dienstkleidung eines Engländers erweckte natürlich Aufmerksamkeit. Da gelegentlich in der Stadt ein Jeep der US Kontroll-Mission zu sehen war, wohl aufgrund eines Abkommens der Alliierten, war ich der Meinung, dass dieser Engländer dazu gehörte.
Seine Besuche im Rektorat konnte ich mir nicht erklären, sie konnten aber auch einem privaten Anlass dienen.
IM NOVEMBER 1945 LERNTE ICH DIESEN BRITISCHEN OFFIZIER ZU MEINER GROSSEN FREUDE NÄHER KENNEN.

Frank James William Kelly trug die Uniform der Royal Army, Medical Corps. Britische Dienstgrade waren mir nicht bekannt aber man sprach ihn mit „Lieutenant“ an. Er fuhr ein Auto mit britischem Hoheitszeichen. Dem Anschein und meiner Vermutung nach war er dienstlich in Leipzig tätig.
Sein Verhalten war korrekt, gelegentlich etwas arrogant, seinen britischen Status hervorhebend.

Er war 10 Jahre älter als ich, hatte sehr gute Manieren, war herzlich, aber auch sehr reserviert.
Über den Background seines Aufenthalts in Leipzig sprach er überhaupt nicht und bezüglich familiärer Kontakte in England blieb er ebenfalls distanziert. Ich hätte auch niemals danach gefragt. Wir verständigten uns englisch/deutsch, was uns gut gelang und vor allem für mein Studium sehr effektiv war. Wir verabredeten kleine Dates zum Tanz oder einfach so zu einem Spaziergang. Wir waren beide gern zusammen.
Ein bisschen Eitelkeit, dass er sich für mich und meine Bekanntschaft entschieden hatte, konnte ich auch nicht verbergen, zudem bestätigte ab und an der neiderfüllte Blick eines anderen Mädchens mein Ego.

Meine Eltern pflegten noch altes konservatives Denken und ich hatte sie mit Frank bekannt zu machen. *„Es würde uns gefallen, diesen jungen Mann vorgestellt zu bekommen!“*
Das war mir damals sehr peinlich. Heute denke ich: Als Brite hatte er sicher Verständnis dafür.
Da er mich stets vor Mitternacht brav nach Hause brachte, gab es gegen diese Bekanntschaft keine Einwände.

Etwas enttäuscht reagierte mein Freund Karl-Andreas. Seit frühester Kindheit kannten wir einander. Unsere Eltern waren eng befreundet. Karli und ich waren im gleichen Alter. Es war eine herzliche und aufrichtige Freundschaft und mit Rat und Tat ergänzten wir gegenseitig unsere Entscheidungen.
Er mochte den Briten ganz und gar nicht. Seiner Meinung nach war er zu alt, zu fremd und er war Engländer. Ich war überzeugt, dass das im Dritten Reich geprägte Feindbild bei

meinem Freund noch seine Einstellung beeinflusste. Doch ich konnte ihn besänftigen und überzeugen. Frank James William Kelly war nicht das, was man unter einer festen Beziehung versteht und sollte es auch nicht sein.

Ich hatte mein Studium und mein Berufsziel vor Augen. Ich hatte einen großen Freundeskreis und dachte noch lange nicht an eine feste Verbindung. Ich wollte das Leben mit den jetzt gegebenen Möglichkeiten einfach nur genießen und das Zusammensein mit Frank Kelly passte da genau hinein.

Frank dachte bestimmt ebenso. Sein Alter konnte schon ein Verhältnis in England oder eine Ehe wahrscheinlich machen. Aber wir hatten eine so schöne Art miteinander umzugehen, das dürfte ein Verhältnis nicht verärgert und keine Ehe getrübt haben.

Nicht immer waren wir mit dem Auto unterwegs. Er fuhr es wohl auch nicht täglich.

Wir verabredeten entweder einen Treffpunkt in der Stadt oder Frank holte mich vom Institut ab. Mit dem Meeting kamen wir immer zurecht.

Wir hatten wieder eine pünktlich verkehrende Straßenbahn und die brachte mich ebenso sicher nach Hause.

Da wir uns nicht täglich trafen, ergab jede neue Begegnung neue Freude und ein bisschen Herzklopfen war immer mit dabei.

Frank interessierte sich für alles in Leipzig. Selbst die durch Kriegseinwirkung beschädigten aber markanten Bauwerke, Kirchen oder das Völkerschlachtdenkmal waren für ihn sehenswerte Objekte. Die Stadt faszinierte ihn. Oft fragte er

nach Gebäuden und deren Geschichte, die ich selbst noch nicht kannte. Dieses Sightseeing erbrachte auch Wissenswertes für mich und trotz weitflächiger Trümmerlandschaft entdeckte ich eine neue und interessante Umgebung meiner Heimatstadt.
Frank und ich hatten viel Spaß dabei.

An unserem Flutkanal, unterhalb der Brücke der jetzigen Ludwig Jahn Allee, lag noch eine alte Flak-Stellung. Da ein Jugendfreund seinen Kriegsdienst dort verrichten musste, war mir der Platz bekannt. Das war für Frank natürlich eine besondere Überraschung und er konnte sich an einem alten, nicht mehr einsetzbarem Geschütz kaum sattsehen.

Manchmal verpasste ich den Unterricht, um mit Frank in unserem „König-Albert-Park“, einer wunderschönen und vom Krieg verschonten Anlage, spazieren zu gehen. In dem wiedereröffneten Kaffee an der „Rennbahn am Scheibenholz“ konnten wir dann noch etwas essen oder trinken.
Für so einen Tag vergaß ich gern einmal „Vokabeln“ pauken.

Im Tanzlokal „Elstertal“ wo auch eine Big-Band spielte, hatte Frank bereits einen Ehrenplatz. Auf diesem stand als Tischbanner der „Union Jack“. Der Tisch war immer für ihn reserviert.
Er tanzte und sang sehr gern und begleitete hin und wieder die Band und einen Glenn-Miller-Titel am Mikrophon. Der Dirigent, ich erinnere mich an Kurt Henkels, fand das toll. So eine Einlage bereicherte ja auch den Abend.
Dass Frank dienstlich in Leipzig war, bestätigten die in die-

sem Lokal gelegentlichen Zusammentreffen mit alliierten Militärangehörigen.

Die Leute interessierten mich nicht besonders, zumal das eine oder andere Mal auch sowjetische Offiziere Frank begrüßten. Diese Gespräche waren sicher von Belang, sie klangen ernst und gewichtig und ich hätte mich nicht getraut, mit nur einer Geste daran teilzunehmen oder ein Wort dazu zu geben. Ich hatte auch große Mühe der Unterhaltung zu folgen, diese überhaupt zu verstehen.

Nicht selten kam ich mir in solcher Situation sehr fehl am Platz vor, denn ich war immer die einzige weibliche Begleitung.

Auch mein Empfinden, von diesen Militärs vielleicht als unliebsame Begleiterscheinung gesehen zu werden, gefiel mir nicht. Ebenso, dass des Öfteren diskrete Neugier an meiner Teilnahme zu bemerken war.

Das konnte auch Frank nicht entgangen sein. Mich dabei zu haben war aber letztlich seine Entscheidung und ich wollte mit ihm darüber auch nicht diskutieren.

Es fiel mir auf, dass das Benehmen der Amerikaner gegenüber Frank einen freundlichen, wenn auch höflichen Anschein zeigte. Das Auftreten eines sowjetischen Offiziers stets einen militärisch sehr korrekten Eindruck hinterließ. Auf eine zögerliche Frage einmal zu diesen Militärangehörigen, erhielt ich nur ungenügend Antwort von Frank. Es wären Verbindungsoffiziere und er hätte dienstlich mit ihnen zu tun.

Da jeder sich nach kurzer Zeit wieder verabschiedete, blieb der Abend noch lang genug für Frank und mich und ich gab mich damit zufrieden.

Bekannte von mir mitzubringen, lehnte Frank strikt ab.
Als junges Mädchen hat man gern mal eine Freundin mit dabei aber darauf reagierte er sehr abweisend und bat darum, unser Zusammensein für uns allein zu lassen.
Auch versuchte ich ab und an diplomatisch sein dienstliches, berufliches oder auch familiäres Umfeld zu einem Thema zu machen. Aber ich merkte sehr schnell, dass er blockierte und sich dieser Thematik entzog.
So wollte ich mir das Zusammensein mit ihm nicht verderben und ließ den britischen Lieutenant Frank James William Kelly dort, wo er bleiben wollte, hinter seiner geschlossenen Tür. Seine Freundschaft war mir einiges mehr als meine Neugier wert. Und ich wollte mir diese Freundschaft gerne erhalten.

Bad Liebenwerda

Irgendwann im Sommer 1946 fragte Frank nach einer Möglichkeit, mit einem Mietauto aus der Stadt heraus zu kommen. Er sprach von einem privaten Besuch in Bad Liebenwerda.
Als Angehöriger der britischen Streitkräfte hätte er in der sowjetisch besetzten Zone bestimmte Vorgaben zu beachten und mit seinem Dienstauto dürfte er eine solche Tour nicht machen.
Bad Liebenwerda liegt in östlicher Richtung ca. 90 km von Leipzig entfernt, auf der anderen Seite der Elbe.
Das Gebiet war im Krieg von der Roten Armee erkämpft worden. Man hatte dort die Willkür der Sieger und Besatzer extrem gewalttätig zu spüren bekommen. Meine in der Nähe beheimateten Verwandten hatten nicht viel Gutes berichtet. Es sollte noch immer unruhiges Terrain sein.

Ich sah eine Möglichkeit dorthin zu kommen und begeistert nahm ich Franks Angebot, ihn zu begleiten an. Es waren Semesterferien, tolles Wetter und aus meiner Sicht enorm imponierend, mit einem britischen Offizier über Land zu fahren. Mit ihm, als Alliierten, fühlte ich mich auch auf unsicherem Terrain sicher und geborgen.
Ein befreundeter Garagennachbar meines Vaters hatte ein Taxiunternehmen und auch einen, von der sowjetischen Kommandantur ausgestellten Propusk. Das war eine Genehmigung, mit dem Auto die Stadtgrenze Leipzigs zu verlassen. Zudem versprach Frank gute Bezahlung.

Wir fuhren am 12. August 1946 gegen Vormittag von meinem Zuhause weg.
Noch unterwegs in Leipzig stieg ein mir unbekannter Mann zu und setzte sich nach vorn. Er stellte sich vor, begrüßte Herrn D., den Fahrer und Eigentümer des Autos. Und er begrüßte Frank, dem er offensichtlich bekannt war und mich.
Ich erinnere mich genau, dass der Fremde einen Koffer mit dabei hatte.
Wir fuhren in einem für sechs Personen zugelassenen Mercedes. Zu der Zeit war dieser Typ Auto eine der meist gefahrenen Taxen. Eine Glasscheibe zum Schieben trennte den Fond – vier sich gegenüber liegende hintere Sitze – vom Fahrer. Jetzt auf unserer Fahrt stand diese Scheibe natürlich offen.
Es war ein grosses, schwarzes, auffallendes Auto und passierte, nicht ohne Aufmerksamkeit zu erregen, die kleinen Ortschaften auf der Strecke.

Frank war wie immer in Uniform. Er machte einen sehr ernsten Eindruck. Die Gegend schien ihm nicht fremd zu sein. Er wusste von einem deutschen Kriegsgefangenenlager bis 1945 in Mühlberg bei Bad Liebenwerda. Ein in der Nähe befindliches Dorf mit Namen „Lausitz“ war ihm ebenfalls gut bekannt.
In persönliche Erinnerungen vertieft, erklärte ich mir auch seine angespannte Konzentration.

Wir sprachen nicht viel miteinander, mit dem Fremden schon gar nicht. Einem jeden von uns bewegten die eigenen Gedanken. Ich hatte mir die Fahrt unterhaltsamer und fröhlicher gedacht und war ein bisschen enttäuscht.

Über Eilenburg und Torgau fuhren wir in Richtung Bad Liebenwerda. Kurz davor registrierte ich an einem Ortsschild den Namen „Lausitz“.
Frank war auffallend wachsam mit der Umgebung beschäftigt. Auch die Dörfer zuvor hatten bereits seine Aufmerksamkeit erregt. Diese Gegend war ihm nicht unbekannt, da war ich mir sicher. Und dieses Dörfchen Lausitz musste für ihn eine besondere Bedeutung haben.
Ich spürte, dass Frank mit seinen Gedanken allein sein wollte.

Viel sowjetisches Militär war unterwegs zu sehen. Lastwagen, Jeeps und die kleinen Panjewagen, besetzt mit Soldaten der Roten Armee überholten oder begegneten uns. Einmal passierten wir eine Kontrollbarriere. Herr D. erhielt Befehl langsam zu fahren, doch ohne anzuhalten konnten wir die Fahrt fortsetzen. Den Insassen des großen, schwarzen, auffallenden Autos zollte die sowjetische Militärpolizei keine Aufmerksamkeit.
Nicht einmal dem uniformierten britischen Offizier.

Meinen Eltern hatte ich versprochen bei unseren Verwandten, die wenige Bahnstationen von Liebenwerda entfernt lebten, zu übernachten. Sie wollten sicher sein, dass ich gut für die Nacht versorgt und untergebracht war.
Natürlich hatten sie mir diese Fahrt mit Frank erlaubt. Richtig wohl war ihnen dabei sicher nicht gewesen. Es war das erste Mal, dass ich allein das Zuhause verließ. Da es aber nur zwei Tage waren und in Begleitung von Frank, sahen sie die Fahrt als legitim an und ihre Zustimmung damit gerechtfertigt.

Ich trennte mich am Bahnhof in Bad Liebenwerda von Frank, dem Fahrer und dem Fremden. Eine Verabredung für die Heimfahrt stand für den nächsten Vormittag fest.

Ich trug ein dunkelblaues Kostüm, einen weißen Pulli und zu dieser Zeit modisch, dunkelblaue Kniestrümpfe. Ich hatte weiß-blaue Ledersportschuhe in einer sommerlichen Ausführung an. Bis auf eine Handtasche hatte ich nichts bei mir. Weder Nachtwäsche noch eine Waschtasche hatte ich nötig. Mit diesen Utensilien versorgte mich die Tante.
Schnell hatten meine Eltern sie noch über mein Kommen informiert. Alles Weitere und Wissenswerte konnte ich dann am Ort persönlich berichten.

Besuch in Grube E.

Auf das Wiedersehen mit der Familie der Schwester meiner Mutter war ich schon neugierig; denn da war ja auch Cousin Herb. Er war ungefähr drei Jahre älter als ich. Wenn wir in früheren Zeiten die Heimat meiner Mutter besuchten, hatten wir viel miteinander gespielt.
Jetzt lagen einige Kriegsjahre dazwischen. Herb war beim Militär gewesen. Mich interessierte natürlich, wie er sich privat und beruflich entwickelt hatte.
Ich bestieg einen schrecklich überfüllten Personenzug in Richtung Hoyerswerda und bekam noch einen Sitzplatz in der dritten Klasse. Zu jener Zeit gab es in den Zügen eine erste, eine zweite und eine dritte Klasse. Der Zug hatte getrennte Einzelabteile mit je einem Ein-und Ausstieg, die Sitze waren durchgehend aus Holz und, statt geordnet wie auf einer Nummer in der Lehne angegeben, saß jetzt die dreifache Personenzahl auf einer Bankreihe. Das Miteinander war sehr tuchfühlend und Berührungsängste durfte kein Fahrgast haben.

Nicht unzutreffend sprach man nach dem Krieg auch von „Völkerwanderung“; denn ganze Familienclans waren aus den Ostgebieten kommend, westwärts unterwegs.
In meiner Richtung waren die „Hamsterleute“ auf Tour. Mit Stoffen, Porzellan und Textilien waren sie unterwegs, zogen von Dorf zu Dorf und von Bauer zu Bauer und versuchten, Nahrungsmittel für ihre Waren einzutauschen. In den ländlichen Gebieten konnte man immer noch Essbares bekommen,

wenn sich die Leute dort für die angebotenen Tauschartikel interessierten.
So sprach man von Flüchtlings- und Hamsterzügen und eine Bahnreise zu dieser Zeit war kein gemütliches Unternehmen. Ich war froh, in Schwarzkollm, meiner Bahnstation, aussteigen zu können.

Es war ein Braunkohlenabbaugebiet. Die Wege waren mit schwarzen pulverartigem Staub bedeckt. Ich fürchtete um meine schönen Schuhe.
Hinzu kam, dass die ganze Umgebung sowjetisches Kampfgebiet gewesen und von Sicherheit auch jetzt, ein Jahr nach Kriegsende, wenig zu merken war. Ich hatte große Angst, unangenehmen Belästigungen einiger umherziehenden sowjetischen Soldaten nicht entgehen zu können.
Vom Bahnhof Schwarzkollm hatte ich ca. einen Kilometer zum Ort durch ein Birkenwäldchen zu laufen und laut Hörensagen waren die Sowjets nicht zimperlich mit dem weiblichen Geschlecht.
Doch nichts dergleichen geschah und die ersten Häuser erreichte ich ohne Problem.

Das Wiedersehen mit Onkel, Tante und Cousin war herzlich, der Besuch im Haus eine große Ernüchterung. Eine politische totale Umkehr hatte hier stattgefunden. Mein Staunen nahm kein Ende. Die übergroße, mir in Erinnerung gebliebene Fahnenstange im Vorgarten stand jetzt ohne Fahne. Dafür hing über der Eingangstür des Hauses ein Bild des „Führers der ruhmreichen Sowjetunion“, Jossif Wissarionowitsch Stalin. Ich konnte es nicht fassen.

Ausgerechnet das Haus meiner Verwandten, einer politisch überzeugten Kaste der nationalsozialistischen Ära, war zur sowjetischen Kommandantur geworden. Und, wie ich später zu wissen bekam, das aus freiem Willen und Überzeugung.
Die Tante beherbergte, bekochte und bewirtschaftete sowjetische Offiziere und allabendlich wurde gemeinsam mit Sto-Gramm (100 Gramm) der Wodka aus Wassergläsern geschüttet.
Dieses Verhalten war so gar nicht nach meinem Geschmack, aber Onkel, Tante und Cousin fanden es sehr gut.
Cousin Herb stellte mich als seine Cousine vor.
Das bewahrte vor eventuellen aufdringlichen Anspielungen der Offiziere. Auch der übervoll gedeckte Tisch mit Speck, Würsten, Brot und mehr konnte mich von teils sicher freundlich gemeinten Zuwendungen und Gesten nicht überzeugen.
Ich konnte Russen nicht leiden.

Meine Verwandten aber waren der sowjetischen Besatzung sehr zugetan und wollten meine Abneigung nicht verstehen, geschweige tolerieren. Zudem erzählte ich, dass ich mit einem britischen Offizier unterwegs wäre. Das erregte noch mehr ihre Missbilligung.
Mit deplatzierten Bemerkungen verletzten sie ebenso mein Feingefühl in Bezug auf Frank.
Ganz wohl war mir bei diesen Gesprächen nicht, zumal diese und meine Beziehung zu Frank am feuchtfröhlichen runden Tisch mit den Offizieren am Abend weiter ein Thema waren.
Die Verwandte aus Leipzig, dazu eine Verbindung zum britischen Militär, das war doch etwas eigenartig, in jedem Fall ein Frage-und Antwortspiel wert.

Ich war glücklich, diese lautstark lärmende Runde gegen Mitternacht verlassen zu können.

Heute bin ich mir fast sicher, dass meine Anwesenheit das Interesse des sowjetischen Kommandanten erweckt hatte und, dass bereits an diesem Abend eine Verbindung zur Kommandantur in Bad Liebenwerda geschaltet wurde.

Cousin Herb fuhr mich am nächsten Morgen sicher zum Bahnhof. Überglücklich saß ich im Zug, freute mich des schönen Wetters, auf das Wiedersehen mit Frank und auf die Heimfahrt nach Leipzig.
Ich wollte meinen Eltern von der Verwandtschaft, vor allem wie sich Mutters ehemalige Heimat nach dem Krieg verändert hat, viel erzählen.

Dies sollte der letzte intensive Kontakt zur Schwester meiner Mutter gewesen sein.
Bis auf einen Besuch, anlässlich einer Trauerfeier, hatten meine Eltern und ich später keine Verbindung mehr zu den Verwandten. Wie ihr Leben weiter ging, interessierte uns nicht mehr.
Gerüchten zufolge nahmen auch sie im letzten Moment die Gelegenheit wahr, westwärts zu ziehen. Die Vergangenheit machte nach Abzug der Roten Armee aus Grube E. vor ihrem Domizil mit Sicherheit nicht mehr halt und in dem kleinen Dorf blieb die einstmals große Fahnenstange doch nicht unvergessen.

Zurück in Bad Liebenwerda

Als ich in Bad Liebenwerda ausstieg und nach Frank Ausschau hielt, erblickte ich zuerst Herrn D., unseren Fahrer und zwei mir unbekannte Männer. Sie trugen dunkelblaue Anzüge, offene Hemdkragen und mein Gefühl sagte mir, dass es Russen in Zivil sein könnten.
Mein Gefühl sollte recht behalten.
Herr D. wollte mich ansprechen, aber das wurde ihm sofort und sehr barsch verboten.
Sie forderten mich auf, mitzugehen.

Meinem anfänglichen Zaudern wurde mit befehlerischer Gestik und mit: „*dawei, poschli*“ kontra gegeben. Dann packte mich einer von ihnen am Arm und mit den Worten: „*Du jetzt mit*“, nahmen sie mich in ihre Mitte und wir verließen den Bahnhof. Auf der Straße setzten sie mich in unser großes, schwarzes, auffallendes Auto und nach wenigen Kilometern fuhren wir in einem Gefängnishof ein.

Neben Herrn D., der das Auto gefahren hatte, saß ein uniformierter sowjetischer Offizier, der ständig mit einer Pistole hantierte. Als wir aussteigen mussten, wurde diese Pistole bedrohlich auf Herrn D. und mich gerichtet.
Was wohl hätte ich in dieser Situation machen können?

Auch das Prozedere am Bahnhof ging so unauffällig und schnell vonstatten, ich glaube, nicht einmal den Passanten war Ungewöhnliches aufgefallen. Zudem hatten mich die wortlo-

sen strengen Gesten zu sehr beeindruckt, als dass ich lauthals rebelliert hätte. Es lief alles militärisch bestimmend ab. Nicht eine Minute blieb Zeit, um nachzudenken oder dagegen zu halten.
Meine zögerliche Fragestellung also jetzt, was denn überhaupt passiert sei, wurde ebenfalls abrupt mit einem „*später*“ unterbrochen und ohne eine Erklärung landete ich in einer Gefängniszelle.

Anfangs hatte mich alles nicht ernsthaft berührt. Natürlich war ich ärgerlich; denn es unterbrach ja meinen Tagesplan. Ich war mir aber keiner Schuld bewusst. Es konnte sich nur um einen Irrtum handeln. Lieutenant Kelly würde alles schnell aufklären. Auch mit meinem Besuch in Grube E. konnte ich nichts Unerlaubtes getan haben.
Dass Frank mit diesem Vorfall in Verbindung stand, daran gab es für mich zunächst keinen Zweifel. Aber er war Angehöriger der Royal Army in Uniform, Alliierter und somit ein Verbündeter der sowjetischen Armee. Ihm und mir und Herrn D. konnte nichts geschehen.
Vielleicht hatte der in Leipzig zugestiegene Unbekannte diesen Zwischenfall herbei geführt? Vielleicht hatte er verbotene Waren in seinem Koffer mitgeführt? Einen Grund musste es gegeben haben.
Verwundert war ich nur, dass ich in einer schrecklichen Gefängniszelle zu warten hatte. Gab es hier keinen anderen Raum oder ein Dienstzimmer?
ZUR KLÄRUNG EINES SACHVERHALTES SPERRT MAN DIE LEUTE DOCH NICHT EIN!

Dass ich mit einem britischen Offizier unterwegs war, sollte schon auch respektiert werden. Aber gut, ich fühlte mich wieder bestätigt, es waren eben Russen. Was hatte ich anderes von denen zu erwarten?
Für einen kurzen Aufenthalt konnte man auch eine Gefängniszelle von innen kennengelernt haben.
Für Frank musste diese Unterbrechung auf jeden Fall sehr unangenehm sein, dachte ich
Wo aber war er? Warum brachte man mich nicht zu ihm? Warum musste ich allein hier warten? Wo war Herr D. geblieben?
Ein paar Gedanken machte ich mir schon.
Die wenigen Quadratmeter der Zelle, das eiserne Bettgestell mit einem verdreckten Strohsack und in der Ecke ein verbeulter Eimer für die Notdurft, ließen mich zuerst stocksteif stehen bleiben.
Das kleine vergitterte Fenster, welches außen noch mit einem Bretterverschlag verdeckt war, ließ nur einen schmalen Streifen vom blauen Himmel sehen.
Licht kam nur von einer schwachen und mit einem Gitter versehenen Glühbirne an der Decke.
Da war weder ein Stuhl noch ein Tisch. So blieb ich weiterhin stehen und wollte mich vor allem nicht auf den verschmutzten Strohsack setzen.

Ekel und Ungeduld, diese Zelle schnell wieder verlassen zu können, ließen zunächst keine reale Einschätzung meiner Situation aufkommen. Ich hatte auch nicht die Absicht, mich mit diesem Umstand generell zu identifizieren. Ich wollte so schnell wie möglich hier wieder raus.

Ein Gefängnis war etwas für Straftäter, nicht für mich!

Doch es vergingen Stunden. Ich versuchte immer wieder, an einer Klingel eine außen angebrachte Klappe zu bewegen, um jemand auf mich aufmerksam zu machen.
Man hörte mich nicht.
Oder man wollte mich nicht hören.

Drei Schritt vor und drei zurück, so verbrachte ich die Zeit. Dann wagte ich es, mich zur Hälfte auf den Strohsack zu setzen und sah das erste Mal in meinem Leben hüpfendes Ungeziefer.
Das also waren Flöhe! Sie bemächtigten sich ebenso schnell meiner, wie später Läuse und ein ewig juckender Ausschlag, Krätze genannt.
Ich ahnte gottlob nicht, dass das erst der Auftakt zu einer Zeit mit noch viel mehr Verwundungen sein sollte.

Vorerst aber hielten mich die Flöhe munter. Einem Soldaten, der mir eine Blechschüssel mit Brei brachte, wollte ich diesen Zustand verständlich machen: Dass ich es in der Zelle nicht aushielte, dass ich gar nicht hier sein dürfte und, dass ich endlich mit einer zuständigen Person und in deutscher Sprache reden wollte.
Der Soldat grinste: „*Du Faschiska, Du Spionka*“ und mit diesen Anschuldigungen war die Zellentür ganz schnell wieder zu.

Da wurde ich wütend und verlor die Beherrschung. So einen Blödsinn musste ich mir von einem Russen nicht sagen lassen. Was erlaubte sich dieser Idiot. Ich trat immer wieder gegen die Tür.
Ich schrie so laut ich konnte: „*Machen Sie die Tür auf, ich will raus, ich will nach Hause, ich habe nichts getan.*“
Man hörte mich nicht.
Oder man wollte mich nicht hören.

Ein aufkommendes Angstgefühl konnte ich natürlich auch nicht unterdrücken. Ich dachte an meine Eltern, dass sie auf mich warten, sich Gedanken machen und eigentlich gar nicht wissen, wohin sie sich im Notfall wenden können.
Ich dachte an Frank. Warum reagierte er nicht?

Es war jetzt Abend geworden und ich hätte schon längst wieder in Leipzig eintreffen müssen.
Die Eltern konnten sich immer auf mich verlassen. Auch diesen Ausflug hätte ich nicht, ohne Grund oder ohne sie zu informieren, in die Länge gezogen.
War ein Unfall passiert? War der Passierschein nicht in Ordnung? Oder hat Lieutenant Kelly eine sowjetische Order übergangen?
Das fragte ich mich ständig und meine Eltern werden sich ähnliche Fragen gestellt haben.

Mit einer Heimfahrt im großen, schwarzen, auffallenden Auto rechnete ich schon nicht mehr.
Priorität hatte, aus dieser Zelle wieder raus zu kommen. Eine Fahrt nach Leipzig würde ich in jedem Fall und irgendwie

meistern. Zudem war mein Vater auch motorisiert und sicher schon auf der ganzen Strecke unterwegs, um nach mir zu suchen.

Ich nahm mich zusammen und dachte intensiv nach.
Meine Handtasche mit Ausweis und Geldbörse hatte man mir schon unterwegs abgenommen. Sie kannten also meine Personalien und wussten wer ich war. Dass ich in Begleitung eines britischen Offiziers war, musste ihnen ebenso bekannt sein, sonst hätten sie mich nicht am Bahnhof erwarten können.
Dass sie mich in eine Gefängniszelle einsperrten, sollten sie hoffentlich auch noch wissen.
Hatten sie mich vergessen?
Es müsste sich doch jemand an mich erinnern, mir den Grund für alles erklären und mich gehen lassen. Warum war ich also noch hier? Warum hielten sie mich fest?

Mit Sicherheit lag dem allen eine Verwechslung zugrunde. Hier im Ort war nicht so schnell ein Dolmetscher für Englisch zur Stelle, um FJW Kellys' Erklärungen zu verstehen. Warum aber sprach man nicht mit mir? Meine Englischkenntnisse hätten für die erforderlichen Übersetzungen auch gereicht.
Aber war Frank überhaupt in Bad Liebenwerda?
War er wirklich der Grund für diese Aktion?
Was für Gedanken gingen mir durch den Kopf. Ich war dieser Situation so machtlos gegenüber und fand auf alle meine Fragen keine Antwort.
Ich sehnte mich nur noch nach Hause.

Es war totenstill. Ich hatte das Empfinden, allein in diesem Gefängnis zu sein.
Eine gefährliche Stille. Ab und zu ein fast unhörbarer schleichender Schritt vor meiner Tür.
Eine leise Betätigung der Klappe an dem Spionloch in der Tür.
Ich wurde beobachtet!
Jederzeit könnte jetzt etwas Unerwartetes geschehen. Ich könnte vom Posten misshandelt oder vergewaltigt werden. Der Soldat hätte dies und das mit mir machen können. Hier und allein in der Zelle war ich seinem Hass und seiner Rache auf alles was deutsch war, total ausgeliefert.
Ich steigerte mich mehr und mehr in dieses beklemmende Gefühl hinein und sah die Gefahr, die Nacht nicht gesund zu überstehen.
Viel später erfuhr ich, dass es dem Posten untersagt war, eine von Frauen besetzte Zelle allein zu betreten.

Ich musste dringend zur Toilette. Da man auf mein Läuten nicht reagierte, benutzte ich den dafür vorgesehenen Eimer und sollte bald vergessen, dass es eine normale Toilette gibt.
Ich wollte mir die Hände waschen und ahnte nicht, dass ich meine Hände eine sehr lange Zeit nicht richtig waschen konnte.
Ich hatte meine Tageskleidung an.
Es dauerte 313 Tage, bis ich den Rest dieser Kleidung wieder ablegen konnte.

Eine erste Nacht verging, die ich anfangs nur stehend oder sitzend verbringen wollte, aber irgendwann, total übermüdet, in

Schlafstellung auf dem Strohsack landete. An den Stellen am Körper, die nicht mit textilem Stoff bedeckt waren, saugten sich die Flöhe satt. Kopf, Hals, Gesicht und Beine verblieben ihr Territorium.
Alles juckte entsetzlich. Zudem fühlte ich mich unsauber, ohne die Zähne zu putzen und ohne mich gründlich waschen zu können. Ich hatte auch einen unruhigen Schlaf und erwachte ständig mit Schrecken und Schauder über das, was gerade mit mir geschah.

Sehr früh schrillte eine Glocke, ein Soldat öffnete die Tür und ich hatte meinen Eimer in einer Nasszelle zu entleeren. Dort war auch ein Wasserhahn und ich spülte schnell über Gesicht und Hände.
Wie gerädert fühlte ich mich und wollte auf keinem Fall eine zweite Nacht in der Zelle verbringen.
Ich versuchte, auch diesen Soldaten wieder anzusprechen, um mich zu beschweren.
Aber alle meine Fragen blieben mit einem Grinsen und *„dawai“* beantwortet.

Meine Hilflosigkeit, diesen Russen zum Zuhören zu zwingen, brachte mich dazu, handgreiflich zu werden. Ich hatte vor ihm zu gehen, drehte mich um, griff ihn an, riss verzweifelt an seinem Hemd und brüllte:
„Du Russe, hast mir nichts zu befehlen, ich will sofort zu einer deutschen Polizei.“
Worauf ich mit einem Fußtritt und einem kräftigen Fluch auf meinem Zellenboden landete.

Etwas später kam in einer schmutzigen Schüssel Tee und ¼ Kastenbrot als Frühstück, zum Mittagessen eine dünne Suppe und am Abend wieder Brei. Von da ab klingelte ich ununterbrochen an der Klappe, bis man diese von außen ruhigstellte.
Ich war verzweifelt, ich war wütend und ratlos. Ungeziefer, Ekel und Schmutz gehörten dazu. Mir war kalt. Die Kleidung war nicht mehr sauber und ein Wechsel meiner Unterwäsche war dringend nötig.
Das ganze rätselhafte Geschehen beunruhigte mich zu sehr. Ich fand keine Möglichkeit, mich dagegen zu wehren oder überhaupt etwas zu unternehmen.
Auch fühlte ich mich von Frank im Stich gelassen. Ich wollte nicht anfangen, ihn zu kritisieren, aber ich fragte mich: Warum klärte er die Sache nicht auf? Wo war er geblieben? Wusste er vielleicht gar nicht, dass ich im Gefängnis bin? Hatte nur Herr Dullat meinen Namen erwähnt?
WO BLIEB DIE DEUTSCHE POLIZEI UND WAS HATTE ICH ÜBERHAUPT MIT RUSSEN ZU TUN?!

In völliger Isolation und Unkenntnis meiner Lage und in einem desolaten Zustand verbrachte ich zehn Tage in dieser Gefängniszelle.
Eines Morgens wurde ich von einem Soldaten mit den Worten: „*Du jetzt nach Hause*“ aus dieser geholt.
Meine überstürzten Fragen nach Lieutenant Kelly und Herrn D. erhielten lediglich zur Antwort: „*Später.*“

Noch mehr irritierte mich, dass mir die Augen verbunden und die Hände gefesselt wurden und ich, meinem Empfinden

nach, in unser großes, schwarzes, auffallendes Auto zwischen zwei, vermutlich sowjetischen Offizieren zu sitzen kam.
Offiziere konnte man riechen. Entweder benutzten sie alle ein Einheitsparfum oder ihre Wäscherei hatte ein bestimmtes Desinfektionsmittel. Noch heute habe ich diesen eigentümlichen Geruch in der Nase.
Alles geschah wortlos. Auch ich habe nichts mehr gefragt. Dann hörte ich ein weiteres Auto in den Hof einfahren und ein lautstarkes Kommandieren, was mit Sicherheit diesen Transport betraf. Ich war eigentlich überzeugt, dass man mich so abgeschirmt nicht nach Hause bringen würde.

Ich bat auf der Fahrt, austreten zu dürfen. Man kam dem nach und so mussten Augenbinde und Fessel abgenommen werden.
Vorsichtig blickte ich mich um und stellte unter anderem fest, dass meine Bewacher tatsächlich das Auto des Herrn Dullat benutzten.
Ich sah zwei weitere Fahrzeuge halten, hinter uns einen LKW und vor uns einen PKW. In diesem erkannte ich durch das kleine Rückfenster eine britische Uniform.
Das konnte nur Frank sein. Für einen kurzen Moment machte mich das sehr froh. Mit ihm zusammen und mit seiner Hilfe musste doch alles bald gut werden.
Ich sah auch ein Ortsschild: Herzberg. Nun wusste ich genau, dass es nicht in Richtung Leipzig gehen würde. Herzberg liegt ca. 80 km nordöstlich von Leipzig.
Aber wohin wollte man uns jetzt bringen?
Trotz der makabren Situation konnte ich ein heimliches Lächeln nicht verbergen. Wenn man schon einmal im Gelände

unter freien Himmel die Notdurft verrichtet, tut man das normalerweise hinter einem Baum oder Busch. Ich aber musste es jetzt vor einem Busch erledigen und die Russen verlustierten sich natürlich bei diesem Anblick.
Das alles war hässlich, mir aber in dem Moment ganz egal.
Angenehmerweise konnte ich mich aus der Natur mit einem Blatt bedienen, in der Zelle hatte ich dafür nichts gehabt

Ein Offizier stand neben mir, wahrscheinlich um einen möglichen Fluchtversuch zu verhindern. So fragte ich mich wieder besorgt, was diesem dubiosen Transport zugrunde liegen könnte.
Auf keinem Fall war es eine Kleinigkeit.
Ich konnte es nicht anders deuten. Hier war etwas im Gang, dessen Ausmaß sich nur nach einem folgenschweren Zwischenfall erklären ließ!

Etwas Hoffnung hatte ich, dass man uns nach Berlin bringen könnte; denn in der Hauptstadt, die in verschiedene Sektoren der Besatzungsmächte aufgeteilt war, beabsichtigten die Sowjets vielleicht Verbindung mit der britischen Militärverwaltung aufzunehmen. Die Briten würden eingreifen und die Angelegenheit klären.
Die Art und Weise der Verhaftung und dieser Überführung ließen vermuten, dass militärische Ungereimtheiten dafür sprachen und der britische Offizier, Lieutenant Kelly, das zu verantworten hatte.
Aber warum musste ich noch dabei sein? Was war mit mir? Warum schlossen sie mich in diesen Prozess mit ein? Warum transportierten sie mich ebenfalls von A nach B?

Im LKW befanden sich vielleicht sogar Herr D. und der Fremde?
In welcher Beziehung stand dieser Fremde zu Frank Kelly?
Wer war das? Was war in dem Koffer?
Den Mercedes hatten sich die Sowjets also schon zu Eigen gemacht.
Oder wollten die Sowjets nur das Auto haben?
Diente diese ganze Aktion vielleicht doch nur der Beschlagnahme des schwarzen Mercedes?
Immer wieder überlegte ich mir eine plausible Erklärung.

Nach dieser Pipi-Pause legte man wieder Augenbinde und Handfessel an. Ich wurde im Auto verstaut und die Fahrt ging wortlos, für mich ins Ungewisse weiter.

Potsdam, Zelle Nr. 84

Nach längerer, unbequemer und nichts Gutes prophezeienden Tour, ich bemerkte auch regen Verkehr in einer Stadt, hielten wir an. Das Fahrtziel blieb mir unbekannt. Es konnte Berlin sein.
Laute Kommandos ertönten in russischer Sprache. Irgendwie hatte ich wieder das Gefühl, man diskutierte sehr erregt über diesen Transport.
War es das große, schwarze, auffallende Auto oder der britische Offizier? Was erregte so ein besonderes Aufsehen?

Ich wurde von Augenbinde und Handfessel erlöst und konnte jetzt sehen, dass wir in einer großen Toreinfahrt hielten. Weder von einem zweiten Auto noch von Frank konnte ich etwas entdecken. Zudem hatte ich mich mit dem Gesicht sofort zur Hauswand zu stellen.
Ich war schrecklich aufgeregt. Frank war doch mein einziger Kontakt und Zeuge.
Ich fragte einen der Offiziere nach ihm und erhielt das mir schon gewohnte *„später“* als Antwort.

Durch eine Tür, über wenige Stufen brachte man mich dann in ein sehr geräumiges Zimmer.
Die hohen Fenster waren vergittert. Die Sicht zur Straße wurde durch einen ca. drei Meter hohen Holzzaun unmöglich gemacht.
Ich musste mich an einen Schreibtisch setzen. Mir gegenüber nahm wieder ein sowjetischer Offizier Platz. Alle Aktivitäten

geschahen wortlos. Fragen von mir blieben auch hier unbeantwortet.
Das Wort *„später"* registrierte ich schon nicht mehr.
ICH HATTE KEINE AHNUNG WO ICH WAR.

Jetzt musste ich auch meinen Schmuck abgeben: Siegelring, mit eingraviert RP, 585er Gold, Armbanduhr und Armband 585 Gold und einen Ring mit einem Onyx, in dem ein kleiner Brillant eingelegt war, ein Andenken an meine Großmutter. Natürlich war ich nicht erfreut, aber sie sollten die Sachen haben. Ich wollte nur nach Hause.
Der Offizier hatte auch meine Tasche dabei. Der Inhalt wurde akribisch sortiert und notiert und ich hatte ein Protokoll darüber zu unterschreiben.

Das war alles so unheimlich korrekt. Ich wollte doch nur ein „Ticket" für die Fahrt nach Hause haben. Da ich mich zunächst auch weigerte, das in kyrillischen Buchstaben geschriebene Protokoll zu unterschreiben, wurde eine Soldatin gerufen und mit den Worten: *„Ich bin Ihre Dolmetscherin"*, setzte sie sich mit an den Tisch und erklärte mir das Schriftstück:
„Wir nehmen Ihnen vorerst diese Sachen ab, um sicher zu sein, dass hier nichts gestohlen wird und Sie bekommen, wenn Sie nach Hause gehen, alles zurück.
Die Russin war in Uniform und vermutlich im Rang eines Offiziers, und da sie ganz sachlich war, gut deutsch verstand, erhoffte ich von ihr eine Erklärung zu meiner Situation. Meine Fragen überstürzten sich:
„Bitte sagen Sie mir, wo Lieutenant Kelly ist."

„Warum bin ich in einem Gefängnis?"
„Wo bin ich hier und weshalb bin ich hier?"
„Kann ich heute nach noch Hause?"
„Wissen meine Eltern, wo ich bin?"
„Bitte, ich möchte mit dem Offizier sprechen."

Mit einem fragenden Blick auf den Offizier, der gänzlich desinteressiert an meinem Ausbruch war, kam von der Dolmetscherin ebenfalls das stets gebräuchliche *„später."*
Aufgebracht und verzweifelt wollte ich erst lauthals Protest einlegen. Doch dann hielt ich mich zurück. Ich fand es besser, Haltung zu zeigen. Aber die Tränen konnte ich nicht unterdrücken.
Die Dolmetscherin, die das bemerkte, sagte in einem freundlichen Ton noch zu mir:
„Beruhigen Sie sich, Rosemarie Petzold, es wird alles gut."
Aber auf meine Bitte:
„Helfen Sie mir, ich möchte zu meinen Eltern,"
erfolgte wie immer:
„Später"

Dann wurde ich wieder einem Soldaten übergeben, der mich zu einer kleinen Tür brachte. Hier übergab er mich an einen anderen Soldaten und mit: *„dawei, poschli"* ging es im Schnellschritt eine eiserne Treppe zur dritten Etage hinauf.
Der Weg endete für mich in einer schmalen, finsteren Zelle. Sie war komplett leer und keinen Meter breit. Ein an der Wand befestigtes eisernes Bettgestell war unbenutzbar. Gleich neben der Tür stand das Holzgestell mit dem „Topf". Das Fenster war total abgedunkelt und eine, wieder in einem

Gitter lose hängende, schwach leuchtende Glühbirne war auch hier das einzige Licht.
Nun war ich wieder in einem Gefängnis, wieder in einer Zelle, wieder allein gelassen.
Ich wusste nur nicht wo und immer noch nicht warum.

Das hatte ich so nicht erwartet. Lange Zeit weinte ich und konnte mich nicht beruhigen.
Ich war so hilflos der Situation gegenüber.
Was hatte man mit mir vor? Warum hielten die Sowjets mich fest? Wozu sollte das alles dienen?
Wozu sollte ich dienen? Ich wusste doch gar nichts.
Was war in Bad Liebenwerda passiert?

Der ganze Ablauf überforderte mich und ich fand in den wenigen Quadratmetern der hässlichen Zelle einfach keinen klaren Gedanken.
Wo blieb Frank? Warum konnte er nicht einschreiten? Warum wollte oder konnte er mir nicht helfen?
Die Schuld für alles lag sicher nur bei ihm. Aber welcher Dinge hat er sich schuldig gemacht?
Ich überdachte unsere vergangene gemeinsame Zeit und konnte doch nichts Negatives herausfinden oder hineindenken. Ich wollte auch weder Frank noch unserer Freundschaft Belastendes nachreden.
Aber diesen ungewissen Zustand und weg von aller Normalität konnte ich einfach nicht mehr ertragen.
Es musste bald etwas geschehen.

Nach wenigen Minuten wurde ein prall gefüllter Strohsack hereingeworfen und mein Versuch, den Soldaten anzusprechen, blieb wieder erfolglos. Wieder musste ich mich damit abfinden.

Bei der Übergabe an der kleinen Tür, dem Zugang zum Gefängnistrakt und beim Treppenaufgang hatte ich mehrere Zellentüren gesehen, demnach war es ein größeres Gefängnis. Es herrschte auch eine sehr rege und laute Betriebsamkeit vor meiner Zellentür. In diesem großen Haus war ich auf jedem Fall nicht mehr allein.
Vielleicht war das der Auslöser, dass ich wieder zu mir fand und versuchte, logisch zu denken.
Ich war mir keiner Übeltat bewusst und hatte auch nichts gegen die sowjetische Besatzungsmacht getan. Schon aus diesen Gründen sollte ich trotz meiner prekären Situation zuversichtlich bleiben.
Ich wollte auch dem Soldaten am Türspion keine Angst und keine Tränen zeigen. Noch dominierte mein Stolz diesen Sowjets gegenüber. Auf keinem Fall wollte ich mich unterkriegen lassen.
Auch dieses sowjetische Regime konnte nicht ohne Grund und Anlass, ohne ein Motiv zu haben, mich in ein Gefängnis einsperren. Da außerdem FJW Kelly britischer Offizier war, setzte ich eine schnelle Bearbeitung der Angelegenheit nun in diesem großen Gefängnis als sicher voraus.
Für die ungerechte Behandlung würde man sich sicher auch bei mir entschuldigen.

An jedem neuen Morgen der folgenden Tage bewahrte ich mir die Hoffnung, dass sich meine Beziehung zu Kelly aufklärt, ich nach Hause gehen kann und meine Eltern endlich wiedersehe.
Ich nahm mir vor, einen gefassten Eindruck zu zeigen und den Soldaten nicht wieder zu bedrängen. Vielleicht könnte ich so Wissenswertes von ihm erfahren.
Ich sollte bald noch ganz andere Dinge erfahren.

Diese, einer Gruft ähnlichen Behausung war bestimmt, für weitere Wochen mein Domizil zu bleiben. Kein einziges Mal wurde ich zu einem Offizier, zu einer Befragung gerufen, um eine Erklärung zu bekommen. Ich war einfach nur „weggesperrt". Wäre nicht der regelmäßig gereichte Essnapf und die tägliche Entleerung des Topfes für die Notdurft gewesen, dann hätte ich angenommen, dass man mich vergessen hat.
In meiner seelischen Verfassung hätte es gut getan, nur wenige Worte mit einem Menschen zu wechseln. Meine tägliche Anspannung, die Zeit des Wartens, die Strapazen des Zellenlebens, alles wäre leichter zu ertragen gewesen.

Später erfuhr ich, dass die Zelle Nr. 84 eine Strafzelle war. Aber wofür hätte ich bestraft werden sollen, ich war ja gerade erst in diesem Gefängnis angekommen? Für mich diente sie also einem anderen Aspekt.
Es war natürlich ebenso eine Isolationszelle. Sie diente zur Demoralisierung eines Neuankömmlings wie ich einer war. Hier wollte man sich den gehörigen Respekt und die nötige Fügsamkeit verschaffen. Hier zeigte der Geheimdienst sein erstes entmenschtes Gesicht.

Diese Zelle war dafür geschaffen, grauenhaft und deprimierend.
Die Wände waren unsauber und abstoßend mit vielen Kritzeleien darauf, die ich noch nicht näher deuten konnte. Das wenige Licht der Glühbirne gab auch dafür keine Möglichkeit.
Es gab keinen Stuhl, auf den ich mich setzen konnte. Aber dieser hätte ohnehin keinen Platz gefunden.
Ein Geschenk war für mich eine hässliche aber zusätzliche Pferdedecke; denn nachts wurde es sehr kalt auf dem Strohsack und auf Beton.
Eine Uhrzeit konnte ich nur erahnen oder in etwa an den Essenszeiten ausmachen.
Mit den Wochentagen kam ich schon nicht mehr zurecht.
Ich lernte es bald – SEHR BALD.

Spät abends kündigte eine schrille Klingel Bettruhe an. Erst von diesem Zeitpunkt ab war es erlaubt, sich hinzulegen.
Ich hatte mit dem Gesicht unbedeckt und zur Tür zu liegen, die Arme durften nicht unter der Decke sein. Die schreckliche Glühbirne brannte ständig. Es brauchte jedenfalls eine Zeit, bis ich mich an diese Schlafordnung gewöhnt hatte.
Mit wiederholten Tritten gegen die Tür, gab der Soldat mir alles das zu verstehen.
Was ich dann immer noch nicht kapiert hatte, wurde mit entsprechenden Gesten deutlicher vermittelt. Die Beweggründe für diese Gefängnisverordnung konnte ich später sogar verstehen.
Für Straftäter konnte ich alles akzeptieren, aber ich war kein Straftäter. Ich war ohne ein Vergehen hier gelandet und gerade mal 19 Jahre alt.

Früh 5 Uhr schrillte die Klingel wieder. Ab dieser Zeit, also den ganzen Tag, durfte ich nur sitzen oder stehen. Zuwiderhandeln wurde mit „auf den Knien liegen“ bestraft. Der Befehl war nur eine Geste, die man aber sofort verstand. Es tat weh, aber die ersten Minuten erträgt man. Dann versucht man, sich seitlich neben die Beine zu setzen und hört man Schritte, schnell wieder die kniende Position einzunehmen.
Da kein Stuhl in der Zelle stand, konnte ich mich nur auf den Strohsack setzen, der aber zu ebener Erde lag. Es war schon beschwerlich, den ganzen Tag da unten zu hocken, zu essen und zu warten.
Nach 5 Uhr wurde jede Zellentür von einem Soldaten einzeln geöffnet und der Klo-Topf musste geleert werden.
Den Topf hielt ich vor mir, der „*dawei – poschli*“ kommandierende Soldat lief hinter mir und im Eilschritt ging es rechts herum an mehreren Zellentüren vorbei zu einer Nasszelle. Dort hatte ich den Inhalt des Topfes in einen großen Abfluss zu schütten und mit Zustimmung des Soldaten durfte ich Gesicht und Hände mit kaltem Wasser abspülen. Handtuch und Seife, Toilettenpapier oder Ähnliches gab es nicht.
Alles geschah in einem rasanten Tempo. Den Soldaten anzusprechen, war ein vergeblicher Versuch und konnte mit einem Tritt seines Stiefels und einem derben Fluch geahndet werden.
Es war ein unschätzbares Glück, dass aufgrund der psychischen Belastung meine Mensis vom ersten Tag der Haft an ausblieb; denn medizinische Versorgung war auch dafür nicht vorgesehen.
Später konnte ich miterleben, wie unangenehm es für die Frauen war, wenn sie ihre Tage bekamen. Von den Soldaten konnten sie weder Zellstoff noch sonst Brauchbares bekom-

men und so bedienten sie sich mit kleinen Läppchen, herausgerissen von unterhalb des Strohsackes.
Je nach Laune zeigten die Bewacher Verständnis und erlaubten es, diese Läppchen früh mit auswaschen zu dürfen.

Dreimal am Tag wurde auch in diesem Gefängnis das Essen gebracht.
Der Soldat schloss die Tür auf. Neben ihm standen zwei erbärmlich aussehende Gestalten, einen Kübel mit Essen vor sich auf einem fahrbaren Gestell.
Was waren das für Geschöpfe? Was hatte man mit diesen Menschen gemacht? Aller Lebenswille schien hier verloren – oder gebrochen worden zu sein. Waren das die Straftäter?
Es waren Gefangene, die zum Küchendienst eingeteilt waren. Teilnahmslos und ohne sich für die Gefangenen der Zelle zu interessieren, verrichteten sie ihre Arbeit. Man hatte sich wohl Leute herausgesucht, von denen nicht die Gefahr ausging, dass sie Verbindungen zwischen den einzelnen Zellen herstellen würden.

Der Soldat gab die Zahl der Insassen an und mit einer Kelle wurde die Portion in eine ekelerregende Blechschüssel getan, oder das Viertel Brot wurde wortlos gereicht.
Früh ¼ Liter Tee in die nicht gespülte Blechschüssel vom Abend zuvor und ¼ Kastenbrot.
Mittags ½ Liter dünne Brühe mit grünen Tomaten oder 2 bis 3 Kartoffeln oder Kraut.
Abends ¼ Liter Tee oder ab und zu einen Kaschabrei.
Die Mahlzeiten blieben jeden Tag gleich, die Brühe erhielt das Leben und die Beigabe entleerte den Darm. Ich hatte oft star-

ke Leibschmerzen und glaubte, daran sterben zu müssen. Aber so leicht geht das nicht mit dem Sterben in Haft. Die Zeit lehrte, dass sogar Sterben ein hartes Stück Arbeit kostet.

Einmal versuchte ich, die Gefangenen am Kübel anzusprechen:
„Seid ihr Deutsche?
könnt ihr mich verstehen,
könnt ihr mir sagen, wo ich hier bin,
habt ihr einen Engländer in Uniform gesehen?
Sofort reagierte der Soldat:
„Nix sprechen, nix essen.“
Die beiden Gefangenen zeigten keinerlei Rührung. Es war wohl die Angst vor dem Soldaten oder sie hatten mich nicht verstanden.
Sicher waren sie dankbar, diese Essenausgabe machen zu dürfen. Vielleicht war es ihnen vergönnt, einen letzten Rest aus dem Kübel zusätzlich zu bekommen? Sie hätten das bitternötig gehabt.
Aber schon am nächsten Tag standen wieder andere, ebensolche abgestumpften Kreaturen am Essenkübel und ich stellte mir wieder die Frage: Wo kommen die alle her? Was haben sie Schlimmes getan, dass man sie so zugerichtet hat?

Die Einzelzelle, das Alleinsein, die quälenden Gedanken überforderten mich: Wo bin ich? Wann komme ich nach Hause? Was habe ich getan? Warum muss ich das ertragen? Wie kann ich diesem Martyrium widerstehen? Von Tag zu Tag verlor ich immer mehr an Energie.
Ich hatte große Angst.

Dem sowjetischen Soldaten gegenüber, dem einzigen menschlichen Wesen, das ich dreimal am Tag zu Gesicht bekam, wollte ich mich stark zeigen und nur in den Nächten weinte ich viel. Aber es kostete Kraft, die ständig wiederkehrenden, depressiv machenden Stunden zu überwinden.
Die Gestalten, die mir das Essen brachten, konnte ich beileibe nicht mehr als menschliche Wesen bezeichnen. Ihr Anblick verschaffte mir zusätzliche Angst. Besser wäre es gewesen, das Elend überhaupt nicht sehen zu müssen.
Ich dachte ständig an meine Eltern, die vielleicht noch immer nicht wussten, wo ich geblieben war.
Ich dachte an Freunde und an mein Studium. Wann endlich würde ich sie alle wieder haben? Wann würden diese schrecklichen Tage vorbei sein?

Und ich dachte an Frank. Ich stellte mir vor, dass er schon wieder in Leipzig oder in England sein könnte und ich, von ihm vergessen, allein für mich verantwortlich war. Dann wieder glaubte ich, dass er die Freundschaft zu mir in Abrede gestellt und unsere Verbindung geleugnet hat.
Oder mich einer illegitimen Angelegenheit beschuldigt hat.
Solche Befürchtungen kamen häufig und besonders in der Nacht und versagten den alles vergessenden, unverzichtbaren Schlaf.
Ich brauchte diesen Schlaf. Ich wollte einen schönen Traum, denn die wenigen sechs Stunden, die alles Perfide des Tages vergessen ließen, waren für Körper und Seele eine ausgleichende Gerechtigkeit.

Tagsüber, ich stellte mich vor das Spionloch in der Tür, damit der Posten nicht gleich den Blick in die Zelle frei hatte, wurde ich durch die Aktivitäten im Haus abgelenkt. Zellentüren wurden aufgeschlossen und zugeschlagen. Namen wurden von Etage zu Etage von Soldaten gerufen und Menschen wurden gejagt und gehetzt. Auch hinter meiner Tür konnte ich es verstehen, dass man mit den Gefangenen nicht sanft umging.
Ein unvergesslicher Klang wird mir immer in Erinnerung bleiben: Das Schaben der Zellenschlüssel an den eisernen Gittern der Gänge und Gefängnistreppen.
FÜR MICH EINE PSYCHISCHE FOLTER BESONDERER ART.

Noch war mir nicht bekannt, wohin man diese Gefangenen führte und woher die grausigen Schreie von Menschen kamen, die so entsetzlich und furchterregend und besonders in der Nacht zu hören waren.
Ich vernahm sie über das Fenster und von innerhalb des Hauses und ich fragte mich besorgt, wer diese Menschen waren und was man mit ihnen machte.
Was haben sie getan, dass man ihnen das antut.
Immer öfter sagte mir eine innere Stimme, dass dieses Haus gefährlicher war, als ich es mir eingestehen wollte und das Treiben hier einen Namen hat: Unmenschlichkeit.
SEHR BALD SOLLTE DIESE INNERE STIMME SO SEHR RECHT BEHALTEN.

Ich saß auf meinem Strohsack und sah auf meine sehr traurige Umgebung. Warum wurde ich aus meinem geregelten Zuhause in so ein Gefängnis gebracht?

Habe ich mich schuldig gemacht, einem Briten freundlich zu begegnen, ihn zu mögen?
War es doch vielleicht leichtsinnig und naiv, mit einem britischen Offizier über das Land zu fahren?
Hat die sowjetische Militärpolizei unser Auto schon von Leipzig aus verfolgt?
Kannte ich Frank überhaupt genug? Wieso eigentlich habe ich ihm so vertrauen können?
Konnte das Zusammensein mit Frank der Absicht gedient haben, in eine suspekte alliierte Machenschaft nach Kriegsende hineingezogen zu werden?

Noch schwankte ich zwischen gut und böse, noch wollte ich in Frank den britischen Offizier und Ehrenmann sehen. Auch stand es mir generell nicht zu, ihn oder sein Verhalten zu tadeln. In meiner Gegenwart war sein Verhalten korrekt und ohne Tadel.
Aber die so schön gedachte Autofahrt mit Frank war es auf keinem Fall wert, das jetzt hier erleben zu müssen.
Um solchen quälenden Fragen und Selbstvorwürfen zu entgehen, hätte ich gern einen Schalter umlegen wollen. Wenn man mir wenigstens zu verstehen gegeben hätte, warum ich eingesperrt und wo ich hier war.

Mein Vater war freischaffender Kunstmaler und Grafiker, meine Mutter hatte sich im Gesang weiter gebildet. Wir drei hatten einen geregelten und gegenseitig abgestimmten Tagesverlauf.
Ich war das geliebte Kind und es gab kaum einen Wunsch, der nicht erfüllt wurde. Aber es gab auch feste Regeln, die ich zu

respektieren hatte und die ich auch befolgte. Ich hatte meinen Sport, aktiv Eis- und Rollkunstlauf, ein bisschen weniger Tennis, ein bisschen mehr Klavierunterricht. Ein paar Lieder wurden auch unter Anleitung einer Gesangslehrerin geträllert. Alles das zusammen, gehörte zu unserem Familienleben dazu. Aber ich hatte auch jede Menge Freizeit und Vergnügen. Unschöne Beeinflussungen wurden von den Eltern abgeschirmt.

Dank aller Fürsorge hatte auch der Krieg und das Dritte Reich mir nichts Negatives anhaben können.

Warum konnten meine Eltern mir jetzt nicht beistehen? Suchten und fragten sie nach mir? Wussten sie, wo ich war? Warum holten sie mich hier nicht raus?

Gedankengänge nahmen Formen an, die ich in Freiheit als irreal abgetan hätte. Ich setzte mich mit Überlegungen auseinander, auf die ich im normalen Leben gar nicht gekommen wäre.

War alles hier vielleicht eine Strafe Gottes? Seit der Konfirmation hatte ich nicht mehr an religiösen Glauben und einen Allmächtigen gedacht. Ich hatte nicht mehr gebetet und der sonntägliche Kirchgang war in Vergessenheit geraten. Sollte ich jetzt daran erinnert und ermahnt werden?

Doch die enge trostlose Zelle gab auch darauf keine Antwort.

Wenn man in so einer engen, trostlosen Zelle sitzt und weiß, dass hinter dem mit Brettern vernagelten Fenster die Welt liegt, hat man den Wunsch, die Welt zu sich herein zu lassen, sei es mit einer Nase frischer Luft oder mit einem kleinen Stück vom blauen Himmel.

So stand ich oft bei dem kleinen Fenster über mir und wollte ein bisschen von der Welt da draußen haben. Aber es war so hoch und die drei, in sich verkeilten Bretter konnte ich nur schwer erreichen.
Ich versuchte es immer wieder!
Von einem zum anderen Mal gelang es mir besser, die Holzverschalung auseinanderzuschieben und ich sah in die Baumkrone einer herrlichen grünen Linde und ich stand und ich lernte wieder mein Gebet.

Das hat mir geholfen, eine totale Entmutigung in den vor mir liegenden Wochen des Alleinseins immer wieder zu überwinden und die Hoffnung auf Erlösung nicht zu verlieren.
Bis auf jene Zeit, die alle meine Vorstellungen übertraf und jede Zuversicht zunichte machte.

Die Kritzeleien an den Wänden, denen ich mich aus lauter Langeweile nun intensiv widmete, konnten mein seelisches Gleichgewicht erst recht nicht stabil halten. Da war so viel Leidvolles, für mich Unbegreifliches. Jedes geschriebene Schicksal machte mich mehr depressiv.
Was war in diesem Haus nur los? Was tat man hier den Menschen an?
Männer und Frauen waren zu 25 Jahren verurteilt oder es stand nur ein Name und Todesstrafe am ...
Bekam ich jetzt und hier die Nachwehen des Krieges zu spüren?
Den Gedanken, dass ich selbst auf eine solche Situation zusteuern könnte, hätte ich zu dieser Zeit als absolut unmöglich abgetan.

Eines Tages wurde ich unverhofft mit „*Raus – alles*" aus der Zelle geholt. Für mich war es klar, dass ich die Strapazen überstanden hatte. Überglücklich und mit: „*Das wird aber auch Zeit*", packte ich die Pferdedecke – das war ja alles – und folgte locker und gelöst dem Soldaten.
Alles Elend der letzten Zeit, die lange Ungewissheit waren mit einem Schlag vergessen und ich hätte den Soldaten umarmen können. Er war im Augenblick der liebenswerteste Mensch den es für mich je gegeben hat.

Ein flüchtiger Blick ließ mich noch eine Nr. 84 an der Zellentür erkennen. Ebenso die eiserne Treppe mit dem eisernen Geländer, die nach unten ging. Auf dieser war ich hochgekommen, hatte das aber nicht so interessiert wahrgenommen. Nach rechts herum führte der Gang zur Nasszelle und war mir bekannt. Aber auch nach links führte noch ein Gang mit einem eisernen Geländer und es war möglich, einen Blick durch ein Fanggitter nach einer der unteren Etagen werfen zu können.

Ich packte das alles noch in meine Gedanken ein, um zu Hause von dem Inneren des Gefängnisses erzählen zu können.
Jetzt war ich frei und gelöst und überglücklich.
Ich dachte nicht einmal an Frank.

Instinktiv und meiner Ungeduld folgend, wollte ich auf die Treppe zu gehen und wurde vom Soldaten sehr unsanft, mit einem Stock und „*dawei – poschli*" nach links dirigiert.
Es blieb mir weder Zeit noch Möglichkeit dagegen zu protestieren.

Potsdam, Zelle Nr. 79

Als der Soldat dann vor einer anderen Zellentür, Nr. 79 haltmachte, aufschloss und mich mit „*dawei*" hineinstieß, war es mit meiner Fassung vorbei.
Ich sah nicht die beiden Frauen, die blass und verhärmt auf einem Bett saßen. Ich brach wortlos hinter der geschlossenen Tür zusammen, schrie so verzweifelt und bitterlich, dass die beiden mich gleich in die Arme nahmen und beruhigend auf mich einsprachen.
Ich hielt mich an ihnen fest und rief immer nur:
„*Ich will nach Hause – ich habe doch nichts getan.*"

Ein frischer, prall gefüllter Strohsack wurde später hereingeworfen und das war das Zeichen, dass diese Zelle eine weitere Station auf meinem Leidensweg werden sollte.

Mit Beistand der beiden Frauen, die eine war viel, die andere wenig älter als ich, kam ich allmählich zur Ruhe und konnte nun endlich, nach Wochen mit Menschen reden.
Ich war nicht mehr allein. Das gab Trost und ich konnte meine Geschichte anderen Menschen erzählen. Hastig und überstürzt kamen meine Erklärungen. An sie glaubte ich damals wirklich.
Da ich mit einem britischen Offizier, einem Freund und Verbündeten der sowjetischen Armee verhaftet wurde, ist unsere Festnahme sicher ein Versehen und wir kommen bestimmt bald frei. Wir haben keine Straftat begangen und nichts Unrechtmäßiges getan.

Aber beide Frauen waren gleich sehr direkt und konfrontierten mich mit den Tatsachen. Wer in diesem Gefängnis landet, sieht die Freiheit so schnell nicht wieder.
Ich war in Potsdam, in der Zentrale des NKWD. Dieser Geheimdienst war eine besonders krasse Verkörperung des stalinistischen Regimes. Hier wurden brisante Fälle aus Politik, Spionage und NS-Vergehen verhandelt und abgeurteilt.
Hier war man grausam und brutal, hier wollte man beweisen, dass jeder deutsche, aber auch jeder ausländische Gefangene ein Feind der UdSSR war. Jedes Mittel dazu war erlaubt und die Folter ein brauchbares Instrument, um Geständnisse zu erzwingen. Geständnisse, die eigentlich keine waren.
Schuldige, die nicht schuldig waren.
Tribunale von 25 Jahren Lagerhaft in der Sowjetunion bis zum Todesurteil wurden hier gesprochen.

Ich wollte das nicht für mich gelten lassen und erklärte, dank FJW Kelly stünde ich doch unter britischem Schutz. Ungerechtigkeiten dürfe man doch einem Alliierten niemals antun. Die Frauen aber meinten, dass hier nichts und niemand zählt, dass man hier der Willkür der Vernehmungsoffiziere ausgesetzt sei und ich mich auf eine böse Zeit vorbereiten solle.

Die ältere Frau war die Gattin des ehemaligen NS-Großadmirals Raeder, eine hochgewachsene, grauhaarige Dame. Trotz der wenig adretten Kleidung, machte sie einen erstaunlichen Eindruck auf mich. Erika Raeder wurde ihrer Erklärung nach im Zusammenhang mit den Nürnberger Prozessen festgehalten. Späteren Erkenntnissen zufolge, hatte sie in ih-

rem Umfeld und mit ihrem politischen Status selbst Schuld auf sich geladen und die Sowjets rechneten jetzt mit ihr ab.
Die andere war Gerda, blond und schmächtig, Sekretärin eines Professors, der in einem NS-Labor bakteriologische Experimente vorgenommen hatte. Gerda war sich sicher, dass ihr Professor und auch sie ein hartes Urteil bald bekommen würden. Obgleich sie nur auf Anordnung ihre Pflicht versehen hatte.

Hier und jetzt in der Zelle waren wir auf gleicher Stufe, eingesperrt und mit großem Leid beladen. Wir hatten uns, um miteinander auszukommen, zu arrangieren. Ich erfuhr nun auch, dass ich schon über vier Wochen in Potsdam war.
Ich war wieder voller Zuversicht auf meine Entlassung in den kommenden Tagen.

Zu mir selbst sagte ich, dass meine Angelegenheit nicht mit den Vergehen der beiden anderen zu vergleichen sei, dass ich ohne Verschulden und nur einer Verwechslung wegen hier gelandet wäre. Die beiden Frauen hatten schon Vergehen auf sich geladen und wurden aus diesem Grund eingesperrt. Mein Fall läge anders und ich sei nicht schuldig.
Aber wer sie auch waren und was sie auch konkret getan hatten, ich war sehr dankbar, jetzt nicht mehr allein zu sein.

Wir teilten den Platz neu auf, Frau Raeder lag auf dem eisernen Bettgestell, Gerda und ich auf Betonboden und Strohsack.
Die Zellenordnung war mir ja bekannt. Was ich noch nicht wusste, wurde mir schnell erklärt.

Der „Barascha“ wurde nun von drei Frauen gebraucht. Das brachte oft mit sich, dass er übervoll war und nicht mehr benutzt werden konnte.
Es war ein Gestell aus einem Eisengitter mit einem Rand aus Holz auf dem man sitzen konnte. Innerhalb des Gestells stand ein Topf aus Keramik mit einem Blechdeckel darüber. Obwohl der Topf nach Benutzung abgedeckt wurde, stank es oft bestialisch.
Jede von uns hatte ihre Darmbeschwerden zu einer bestimmten Zeit. Aber das gehörte mit zu unserem Alltag. Das hatten wir gegenseitig zu tolerieren.

Der Soldat, er hieß jetzt der „Wachtposten“ oder nur der „Posten“, erlaubte außer der Zeit keine Entleerung. War der Topf übervoll, waren „Malheure“ nicht zu verhindern.
Da wir nur die Wäsche, die wir am Körper trugen, zur Verfügung hatten, gab es keine Möglichkeit, ein „Malheur“ geruchlos zu beseitigen. Wenn man uns wenigstens mit Zeitungspapier versorgt hätte.
Aber auch mit solchen fatalen Situationen lernten wir, zurechtzukommen und damit zu leben. Heute wäre es einfach unvorstellbar, ohne Toilettenpapier auszukommen.

Die Posten auf jeder der drei Etagen waren zum überwiegenden Teil selbst verurteilte Soldaten. Jeder bemühte sich, seine Aufgaben in bester Übereinstimmung mit den Offizieren zu erledigen. An den Wochenenden, wenn die Offiziere nicht im Haus waren, konnten sie über die Behandlung und Bestrafung der Häftlinge selbst entscheiden, sonst nur mit Genehmigung oder im Auftrag der Vernehmungsoffiziere.

Hin und wieder war mal einer der Posten in guter Laune und ansprechbar. Meist waren sie scheußliche und abartige „Ungeheuer“ ohne Verstand und vor allem ohne Mitgefühl für eine Frau.
Bestimmt hat der eine oder andere böse Erfahrung im Krieg erleben müssen und wer sollte sich da nicht rächen wollen. Aber Frauenzellen durften nur bei Durchsuchung betreten werden. In der Zeit, in der sie die Zelle kontrollierten, hatten wir Frauen uns im Gang mit dem Gesicht zur Wand aufzustellen.

Man erklärte mir, dass Potsdam ein sehr großräumiges Gefängnis sei, die Zellengänge in einen Nebentrakt führten und selbst die Keller großflächig für massenhafte Belegungen eingerichtet seien.
Erika Raeder und Gerda hatten schon in anderen Zellen gelegen und mit anderen Gefangenen die Zeit verbracht. Was man in einem Gefängnis wissen muss, spricht sich dabei sehr schnell herum.
Viel später erfuhr ich, dass auch unser Fahrer, Herr D. eingesperrt war und in einer Massenzelle mit 30 Personen zusammen gelegen hatte. Er wurde bis auf eine erste Befragung nicht ein einziges Mal vernommen. Täglich verhungerten in seiner Zelle Gefangene oder starben an ihren Verwundungen. Die Toten wurden viele Tage einfach liegengelassen. Herr D. wurde nach sechs Monaten aus Potsdam entlassen. Nach einem weiteren halben Jahr verstarb er in Leipzig an den Folgen der Haft, die er vollkommen unschuldig hatte verbüßen müssen.
Sein großes, schwarzes, auffallendes Auto behielten die Sowjets.

Auf wiederholtes beschwörendes Bitten, stimmte Herr D. im Mai 1947 einem Gespräch mit meinem Vater zu. So erfuhren meine Eltern nicht viel, aber einen ungefähren Anhaltspunkt, wo ihre Tochter vielleicht sein könnte. Die Frage nach dem Warum konnte auch Herr D. nicht beantworten.
Als meine Eltern daraufhin im Potsdamer Gefängnis vorsprechen wollten, wurden sie innerhalb des Holzzaunes abgefertigt. Mit der Androhung, bei einem nächsten Versuch hier zu erscheinen, eingesperrt zu werden.
Es hieß, die sowjetische Militärregierung hätte nichts mit dem Verschwinden der Tochter zu tun. Man erwähnte meinen Eltern gegenüber nicht die Bezeichnung: NKWD.

Ich hörte in der Zelle jetzt so viel Entsetzliches und Beklemmendes und fragte mich immer wieder und voller Bedenken: Warum muss ich das alles wissen und mich damit beschäftigen.
Ich war ohne Schuld in diesem Haus und gehörte hier überhaupt nicht hin. Ich wünschte mir, endlich wieder ganz normale Gedanken zu haben, schöne Gedanken.
Hier gab es den ganzen Tag nichts weiter zu tun, als zu grübeln: Was bringen mir die nächsten Stunden? Wann bekomme ich eine Möglichkeit, mich zu erklären und mich zu rechtfertigen? Wann kann ich nach Hause gehen?
Ich war 1927 geboren, wurde 1933 eingeschult und erhielt im Elternhaus eine unpolitische Erziehung. Ich war im BDM und hatte auch damit keine Probleme. Hilfsbereitschaft, Ehrlichkeit, Fairness und Loyalität gehörten zu meinen Prinzipien. Ich zeigte immer Respekt vor meinem Gegenüber. Ich betonte niemals dominant meinen gutbürgerlichen Status.

Ich war nur ein bisschen, ein verwöhntes Einzelkind.
Ich wollte weit hinaus in die Welt gehen. Wic weit war ich jetzt gekommen?

Jetzt war ich hier, in einem Gefängnis eingesperrt, ohne mich irgendeiner Sache schuldig gemacht zu haben. Bestraft vom NKWD. Wofür?
War das gerecht? Wiederfuhr mir hier Gerechtigkeit?
Es war wohl mehr das Recht des Siegers mit dem Besiegten machen zu können, was ihrer Meinung nach als gerecht verstanden wurde.

Am Tag und in der Nacht trugen wir unsere Straßenkleidung auf dem Körper. Meine Unterwäsche hatte sich schon von Weiß auf Grau verfärbt.
Den Slip versuchte ich früh schnell auszuspülen. Was zur Folge hatte, dass ich diesen feucht wieder anziehen musste. Das war unwürdig und für mich mehr als beschämend.
Der BH war nutzlos geworden und mein schicker weißer Pulli war jetzt weder schick noch weiß.
Mein Kostüm war aus einem alten Friedenstuch geschneidert und es überstand jede Strapaze, es knitterte nicht und verlor nicht die Form. Dafür aber die Farbe.
Wir hatten keinen Kamm, kein Handtuch und keine Seife.
Seit Wochen hatte ich mich nicht richtig säubern können, Zähne putzen und Haare waschen fielen aus.
Wie abstoßend und unhygienisch muss ich ausgesehen haben.
Wir drei!

Hatte man Schmerzen, hatte man auch damit zu leben. Medikamente gab es nicht. Zudem wäre es hoffnungslos verlaufen, nach einem Arzt zu fragen. In einem lebensbedrohlichen Zustand wäre man in ein Hospital gekommen. Natürlich auch nur dann, wenn der gesundheitlich schlechte Zustand noch Einfluss auf die Vernehmung gehabt hätte.

Als ich nach 1990 meine Zelle wieder betreten konnte, glaubte ich selbst nicht, dass wir zu dritt und auch zu viert auf diesem engen Platz leben konnten. Und ich versuchte, da die Zelle ja leer war, zunächst die Schlafplätze zu ordnen. Das eiserne schmale Klappbett und drei schmale Strohsäcke.
Es war mir unvorstellbar, aber so war es.
WIR ÜBERLEBTEN ES.

Zelle „79“ auf dem Gang in der dritten Etage im Haupttrakt. Rechts, gleich neben der Tür war ein Dampfheizungsrohr angebracht. Die Wand links war etwas breiter. Dort stand der „Barascha“ mit seinem Gestell.
Kein Stuhl und kein Tisch hätten da noch Platz gehabt.
WIR ÜBERLEBTEN AUCH DAS.

Major S.

An einem der nächsten Abende in der neuen Gemeinschaft ging es dann für mich richtig los.
Bald nach der Bettruhe, wir konnten niemals sofort, auf dem Rücken liegend und Arme über der Decke einschlafen, hörten wir das Schaben des Schlüssels am Geländer in unseren Gang, es kam näher und stoppte vor unserer Tür. Der Schlüssel krachte ins Schloss, der Riegel außen wurde zurückgeschoben und die Tür ging auf.

Immer wieder habe ich mich gewundert, mit welcher Genauigkeit und Schnelligkeit der unförmige Schlüssel in das Schloss krachte. Wenn man gerade am Eindämmern war, hatte auch die Handhabung des Riegels einen unheilvollen Klang.

Drei Augenpaare waren auf den Posten gerichtet und der zeigte auf mich:
„Du Pisdold? Du raus!“
„Nix Decke“
Ich hatte schon die Pferdedecke gegriffen und ließ sie enttäuscht wieder fallen.

Im Eilschritt, der Knüppel half immer nach, ging es bis zum Treppenabgang. Dort wurde ich von meinem Posten an den von der zweiten Etage übergeben und so weiter und mit *„Dawei, dawei“* – *„G(H)ände zurück“*, wurde ich durch den Gefängnistrakt gehetzt.

Die Hände hatten auf dem Rücken zu liegen. Der Kopf nach unten.
Dann stand ich vor der kleinen Tür, durch die ich vor Wochen hereingekommen war.
Nach energischem Klopfen mit dem Zellenschlüssel wurde diese von der Gegenseite aufgeschlossen und man übergab mich wieder einem Soldaten. Dieser brachte mich in einen karg eingerichteten großen Raum, ähnlich dem, wo man mir am ersten Tag den Schmuck abgenommen hatte.
Draußen war es dunkel, aber die Holzplanke, die ich einsehen konnte, war hell erleuchtet. Es war ein Vernehmungszimmer zu ebener Erde mit sehr großen vergitterten Fenstern.
Noch interessierte mich die Umgebung wenig. Ich war nur auf das Zusammentreffen mit einer verantwortlichen Person fixiert, um endlich meine Sache abschließend zu klären und wie ich hoffte, gehen zu dürfen.
Am Schreibtisch saßen ein sowjetischer Offizier und eine Russin, ebenfalls in Uniform, eine Dolmetscherin. Sie erklärte mir, dass ein Offizier jetzt mit mir ein Gespräch führen wolle und, wenn ich die Wahrheit sage, dürfe ich auch nach Hause gehen.
Da ich nichts zu leugnen hatte, war ich guter Hoffnung alles hinter mich zu bringen.
Das Elend der letzten Wochen hatte ich endlich überstanden und nun wollte ich mir große Mühe geben, die an mich gerichteten Fragen gut zu verstehen und exakt zu beantworten.
Etwas erregt aber auch zuversichtlich setzte ich mich auf einen Hocker vor den Schreibtisch.

ICH SAH EIN ERSTES MAL EINEN RUSSEN FREUNDLICH LÄCHELND AN.

Dobrij wetscher, ja Major S.
Kak u was dela ?
Poshalusta sadites.
Satz für Satz übersetzte die Dolmetscherin.
Guten Abend, ich bin Major S.
Wie geht es Ihnen ?
Bitte setzen Sie sich.
Otwetschaite na moi woprosi, goworite prawdu potom wi mozhete idti domoj.
Beantworten Sie meine Fragen, sagen Sie die Wahrheit, dann können Sie nach Hause gehen.
Es war ein gutes Zusammentreffen mit einem sowjetischen Offizier; denn es verlief sehr korrekt.
Ich hatte meinen Lebenslauf zu erzählen. Befragt wurde ich nach meinen Eltern, nach FJW Kelly und aus welchem Grund ich mit ihm nach Bad Liebenwerda gefahren wäre.
Der Offizier ging einige Male nach nebenan. Aufgrund einzelner Wörter, die ich in englischer Sprache hörte, war ich fast sicher, dass Frank dort sein musste.
Das zu wissen, hätte mich noch freundlicher dem Russen gegenüber gestimmt.

Ich versuchte meine Fragen an die Dolmetscherin in Deutsch zu richten, was sie auch übersetzte aber der Offizier schüttelte nur mit dem Kopf und sie antwortete mir: *„später“*.

Auch dieses „später“ empfand ich als sehr positiv. Wenn Frank sich tatsächlich nebenan aufhielt, war das ein Zeichen, dass jetzt die Tortur auf das Ende zu ging. Ein kleines bisschen Zeit mehr oder weniger, spielte nun keine Rolle mehr.

Das Protokoll zu diesem Verhör wurde wieder in kyrillischen Buchstaben verfasst. Man verlangte von mir, dass ich das unterschreibe. Ohne Zögern oder eine Frage zu stellen, unterschrieb ich sofort; denn ich wollte keinen Grund zu Verärgerung geben.
Meine Frage, ob ich denn nun nach Hause gehen dürfe, muss der Offizier wohl verstanden haben. Er antwortete mir in einem sauberen, verständlichen Deutsch: *„Später, Rosemarie Petzold."*

Die äußere Erscheinung des Majors war recht stattlich. Ob er alt oder jung, hässlich oder hübsch war, das konnte ich nicht so richtig beurteilen. Ich erinnere mich, dass er blond war.
Er war nicht unfreundlich, wenn auch sehr distanziert. Ich erhoffte mir Gutes von ihm.
Nach Ende dieser nicht allzu langen Befragung wurde ich auf die gleiche Art, auf dem gleichen Weg und im gleichen Tempo, vorgegeben vom Posten, wieder nach oben zu meiner Zelle gebracht.

Es war das erste und ordentlich geführte Gespräch. Aber die unzähligen Gespräche, die folgen sollten waren wenig korrekt, mit zum Teil absurden und widersinnigen, aber auch brutalen und kaum erträglichen Verhören.

In meiner Zelle angekommen, konnte ich den beiden Frauen nur Gutes berichten. Man habe meine Erklärungen verstanden, sei nett und korrekt gewesen und ich könne bestimmt bald gehen.
Beide blieben jedoch misstrauisch und sie hatten ja so recht;

denn jetzt ließ mich der Offizier jeden Abend nach 23 Uhr holen. Die Vernehmungen dauerten mitunter mehrere Stunden und hatten immer wieder die gleichen törichten Fragen zum Inhalt.
Ich sah keinen Sinn darin und versuchte, die Dolmetscherin ständig zu unterbrechen.
„Sie haben mir versprochen, dass ich nach Hause gehen kann."
„Ich lüge nicht aber Sie lügen und auch der Offizier."
„Ich habe nichts getan und will endlich nach Leipzig zu meinen Eltern gehen."
„Warum tun Sie mir das alles an?"
„Wo ist Lieutenant FJW Kelly?"

Meine anfängliche Freundlichkeit war jetzt einer deutlich erkennbaren Feindseligkeit gewichen. Ich war wütend und das blieb natürlich nicht verborgen. Aber es kümmerte weder Major S. noch die Dolmetscherin.
Manchmal unterhielten sich die zwei, was aber von der Dolmetscherin nicht übersetzt wurde. Vielleicht wollte man testen, ob ich Russisch verstehe und irgendwie reagiere.
Auch verließ der Offizier einige Male das Zimmer und kehrte erst nach langer Zeit zurück.
Dann sprach er mich direkt und auf Russisch an.
Auf mein Kopfschütteln reagierte er mit einem Schlag seiner flachen Hand zunächst brutal auf den Tisch, dem dann ein kräftiger Fluch folgte.
Bei jedem Schlag lief mir ein Schauder eiskalt den Rücken herunter. Mir war unheimlich zumute. Das war nicht mehr der nette Offizier vom ersten Tag. Major S. hatte sich verändert.

Es folgten Verhöre, bei denen nicht nur der Tisch den Schlag seiner flachen Hand ertragen musste. Von Verhör zu Verhör zeigte er mir jetzt mehr abgrundtiefen Hass.

Abrupt ließ er über die Dolmetscherin Fragen stellen und ich musste, ohne nachzudenken, ohne zu zögern, darauf antworten.

„Wo ist Ihre Mutter geboren?
Wann ist Ihre Großmutter geboren?
Wann lernten Sie Kelly kennen?
Wo waren Sie mit Kelly am.....?
Kennen Sie Falkenberg?
Nennen Sie mir andere Freunde von Kelly!
Waren Ihre Eltern Nazi?
War Ihr Vater im Krieg in Russland?
Sind Sie eine Faschistin?“

Auf solche wiederholten und blödsinnigen Fragen wollte ich einmal nicht antworten. Kopfschüttelnd zeigte ich mir an die Stirn mit der Bemerkung: *Ihr Offizier hat einen Vogel.*
Darauf sagte die Dolmetscherin ganz leise und ohne Anordnung von Major S.
„Machen Sie das nicht, Rosemarie Petzold!“
Aber auf meine Frage, was denn nun eigentlich passiert sei und warum ich hier wäre und ob ich mit meinen Eltern in Verbindung treten dürfe, ob FJW Kelly auch hier in Haft sei und nun endlich die Angelegenheit erklärt hätte, immer die eine Antwort: *„Später.“*
Ich war jetzt fast zwei Monate in diesem Gefängnis.

Einmal bekam ich etwas zu essen. Ich erhielt in einer Schüssel ein Stück fettes Fleisch, eine Zwiebel und Brot. Und ich hatte es sofort zu essen.
Es war eine peinliche Situation. Mit meinen ungewaschenen zehn Fingern das Fleisch zu packen und mit Tränen in den Augen von der Zwiebel zu beißen, war ekelhaft. Der Offizier und die Dolmetscherin schienen sich bei diesem Anblick zu amüsieren. Ich schämte mich erbärmlich.
Hätte ich nicht diesen Heißhunger gehabt, hätte ich das Essen den beiden zu gern über den Schreibtisch in ihre Gesichter geschüttet.

Es war mir bewusst, dass man nicht aus Sympathie zusätzliche Nahrung gab. Aber ich hatte alle Fragen beantwortet, über FJW Kelly und jeden in meiner Familie berichtet und so dachte ich, naiv wie immer und von meiner Unschuld überzeugt, der Offizier wolle mir eine kleine Wiedergutmachung für sein unfaires Benehmen zu teil werden lassen.

In wieder einmal positiver Stimmung konnte ich oben in der Zelle davon berichten aber weder Frau Raeder, noch Gerda, konnten meine Freude teilen. Beide Frauen kommentierten meinen Bericht: *„Man wird noch mehr freudige Überraschungen für dich bereithalten.“*

Wieder verging eine Zeit mit ähnlichen, inhaltlosen über die Dolmetscherin geführten Dialogen mit Major S. Und noch immer erhielt ich während der Vernehmung keinen Hinweis, weshalb man mich und vielleicht auch Kelly, hier in diesem Gefängnis in Haft hielt.

In keinem Satz kam eine Andeutung. Es interessierte mein Umfeld, mein Stammbaum wurde auseinander genommen, mein Zuhause und selbst vor Bettgeschichten machte Major S. keinen Halt.

Die bisher gestellten irrelevanten Fragen, ergaben keinerlei Sinn und vor allem keinen Grund für eine Inhaftierung. Auch die beiden Frauen konnten sich das nicht mehr erklären. Sie mutmaßten, es ginge um Agententätigkeit, Spionage und subversive Handlungen gegen die sowjetische Militärregierung. Und mit diesen Mutmaßungen kamen sie der Wahrheit schon sehr nahe.

Ich lehnte alles vehement ab.
Aber meine Nerven lagen blank.
Acht Wochen war ich jetzt von meinem gepflegten und gemütlichen Zuhause weg. Die Semesterferien waren längst zu Ende. Man wunderte sich bestimmt über mein Fernbleiben. Hatte man meine Eltern benachrichtigt? Hatte ihnen die Deutsche Polizei einen Hinweis gegeben? So könnten sie wenigstens das Institut informieren und die Freunde beruhigen. Es wäre eine Tragödie, wenn sie immer noch nichts über den Verbleib der Tochter wüssten.

Aber meine Eltern waren nicht unterrichtet. Von einem Tag zum anderen warteten sie auf eine Nachricht oder meine Heimkehr. Sie suchten, forschten nach, schalteten Vermisstenanzeigen, durchkämmten die Strecke nach Liebenwerda, befragten die Anwohner und deutsche und sowjetische Einrichtungen in der Umgebung.

Sie fuhren nach Berlin und baten in den einzelnen Sektoren die Militärverwaltungen um Auskunft. Insbesondere beim Hauptquartier der britischen Streitkräfte baten sie um Unterstützung.

Obwohl ein Angehöriger ihrer Royal Army ebenso vermisst wurde, waren die Briten den Ausführungen meiner Eltern gegenüber sehr ungehalten.
Zu einem Lieutenant FJW Kelly äußerten sie sich gar nicht und lasteten meinen Eltern sehr vorwurfsvoll ihre Gutgläubigkeit in einen Fremden an.
45 Jahre später konnte ich an Hand einiger Akten aus dem Archiv der Royal Army, Medical Corps und in einem persönlichen Gespräch mit Lieutenant Colonel R. in London mich selbst überzeugen, dass von Beginn unserer Verhaftung an die britischen Dienststellen involviert waren und doch ein Übereinkommen mit dem NKWD bestanden haben muss.
Ich habe diesem Buch im Anhang die Ergebnisse meiner Recherchen und die gesamte Korrespondenz mit der Royal Army angefügt. Sie ist vollständig erhalten.

Bis zu meiner Rückkehr suchten meine Eltern nach mir, aber sie mussten sich in den letzten Monaten gegenseitig ermutigen, den Glauben an die Rückkehr ihrer Tochter nicht zu verlieren.

Frau Raeder hoffte auf baldige Entlassung. Gerda sah ihrem Tribunal entgegen.
Ich wusste nichts.
Unglücklich und verzweifelt, uns aber gegenseitig tröstend

und einen guten Ausgang erhoffend, begannen wir morgens den Tag und stellten uns abends der Nacht. So ertrugen wir die Zeit des Wartens. Irgendwie haben wir auch das geschafft. Trotz unguter Vorzeichen, hoffte ich immer noch auf meine Entlassung.

Keep smiling, Rosemary

Ein Tag und ein Erlebnis sind mir unvergessen geblieben. Viele Jahre später konnte ich dieses Erlebnis in dem von FJW Kelly 1954 publizierten Buch: „Private Kelly“ nachlesen. Auch Kelly gab den Vorfall darin identisch wieder.

Es geschah, als ich auf dem Weg zum Verhör die letzten Schritte zur kleinen Tür nehmen wollte.
Der Posten stand neben mir, als die Tür aufging und Frank, mit Sicherheit vom Verhör kommend, übergeben werden sollte. Die Türöffnung war nicht sehr groß und der Durchlass für mehrere Personen nicht möglich.
Im Moment stand die Frage, wer wohl den Vortritt bekommen sollte. Die da kommen oder die da gehen?
Den beiden Posten war mit Sicherheit gerade unser Zusammentreffen nicht sofort bewusst. Ich erinnere mich, wie jeder erst einmal unentschlossen stehen blieb. Frank musste die Situation zuerst erkannt haben. Spontan kam er auf mich zu, streckte beide Hände aus und wollte oder hat mich und mein Gesicht berührt. Ich weiß es nicht mehr genau.
Ich fasste ebenso nach ihm und wollte ihn zu mir ziehen. Doch sein Posten bemerkte jetzt den Fehler und zerrte Frank brutal weg. Ich aber hielt mich an Frank fest, ungeachtet des heftigen Eingreifens nun auch von meinem Posten.
Wir waren alle vier zu einem richtigen Knäuel geworden.

Ich hatte nur Frank im Blick und große Mühe, aufrecht stehen zu bleiben. Den Befehl, Gesicht zur Wand, überging ich

einfach oder wollte ihn nicht hören. Dagegen rief ich so laut ich konnte und immer wieder Frank beim Namen.
Mehr war nicht möglich.
Die Posten blieben nicht untätig.
Wir hatten uns nur angesehen aber auch ohne Worte hab ich Frank James William Kelly verstanden:
„Keep smiling, Rose“

Es war eine tragische Situation. Mir ging es danach gar nicht gut.
Mein Körper war paralysiert. Ich wollte nicht wahr haben, was für eine Gestalt da vor mir gestanden hatte. Sein Anblick war katastrophal und erbarmungswürdig. Was hatten diese Wochen aus ihm gemacht? Da war nichts von einem Sonderstatus und Achtung vor einem britischen Armeeangehörigen zu erkennen. Das volle schwarze Haar kurz geschoren, das Gesicht hohl und vergrämt, die Uniform entehrt. Er war nur noch eine jämmerliche Erscheinung und den Gefangenen am Essenkübel sehr ähnlich. Hätte ich ihm doch ein paar gute Worte sagen können.
Was hatte man ihm angetan?
Warum hatte man ihm das angetan?
Ein erstes Mal wurde mir bewusst, dass wir dieser Macht ohne Recht und Gesetz ausgeliefert waren. Frank konnte gar nichts für mich tun.
Wie auch hätte er mir helfen können, wenn er sich nicht selbst oder sein England ihm nicht helfen konnte oder – wollte?

Auf der anderen Seite stimmte es mich zufrieden, jetzt endlich genau zu wissen, dass Frank mit mir zusammen im Gefängnis war. Dass er da war nahm einen Teil der Angst und Bedenken von mir. Er hat mich nicht verleugnet, mich nicht allein diesem Gehcimdienst ausgeliefert. Frank konnte meine Aussagen bestätigen. Das musste zu einem guten und auch baldigen Ende für mich führen.

Nach diesem Vorfall wurde alles anders. Die Vernehmungen wurden anders. Mein Major S. veränderte sich total. Mein Zusammentreffen mit Frank stellte die Weichen in eine andere Richtung. Für mich wurde die Lage sehr ernst.
Bald bekam ich das zu spüren, wovon die beiden Frauen berichtet hatten; eine Härte und Unmenschlichkeit, die ich niemals für möglich gehalten hätte.

FJW Kelly, 1943, Eintritt in die Armee
(aus: „Private Kelly. By himself." 1954)

Marianne

In meiner Zeit in Potsdam war meiner Erkenntnis nach die dritte Etage im Haupttrakt – Zelle Nr. 84 bis Zelle Nr. 77 – weiblichen Insassen vorbehalten.
Die zweite und erste Etage im gleichen Trakt waren nur mit Männern besetzt.
Im Gegensatz zu unserer Frauenetage ging es unter uns immer sehr umtriebig zu. Vermutlich fanden Zellenbegehungen und Verlegungen ständig statt. Manchmal glaubten wir auch, sehr ungute Geräusche zu vernehmen. Dort ging man mit Menschen nicht milde um. Den Posten war es sicher erlaubt, sofort zu bestrafen.

Einmal, beim Gang zu einem Verhör, kam der Befehl: „Gesicht zur Wand“ etwas spät und ich sah, dass man ein menschliches Bündel über den Gang schleifte.
War das Bündel schon tot oder lebte es noch?

Viele Jahre später habe ich es nachlesen können, dass auch Frank zweimal zu einem solchen Bündel gepackt wurde. Zweimal öffnete er sich die Pulsader. Erst im letzten Moment wurde der versuchte Selbstmord entdeckt und er wurde sehr unsanft zur Krankenstation gebracht.

Als ich nach 1990 mit meinen Recherchen begann, traf ich mit dem Bundesvorsitzenden der VOS, Vereinigung Opfer Stalinismus, Herrn Klaus Schmidt, zusammen. Er war zur gleichen Zeit wie ich in Potsdam inhaftiert. Für einige Wochen war er mit Frank zusammen in einer Zelle und erlebte das große Leid, das Frank erdulden musste, mit.

Der vordere Gefängnisbau, den ich wahrnehmen konnte, hatte die Zellenfenster zur Hofseite. Ursprünglich waren diese als Einzelzellen gedacht. Jede Zelle hatte ein eisernes Klappbett. Auch meine Nr. 79 in der vierten Etage.
Nun waren wir dort zu dritt und bald zu viert; denn man brachte Marianne, eine bildhübsche Französin und einen Strohsack zu uns herein.
Eigentlich hatten weder Marianne noch Strohsack Platz in der Enge der Zelle aber für die Nacht richteten wir uns ein. Am Tag legten wir die Strohsäcke übereinander und hatten unsere Sitzgelegenheiten.
Frau Raeder wollte oft ihre Ruhe haben. Gerda, Marianne und ich verstanden uns sofort sehr gut und wir hatten viel zu erzählen.

Marianne war eine echte Spionin. Sie bekannte das offen und erwartete ein hohes aber faires Urteil. Sie war noch nicht einmal 25 Jahre alt und gab ihr junges Leben und ihre Freiheit so einfach auf. Ich konnte das nicht begreifen.
Offensichtlich war sie mit ihrer Tätigkeit darauf vorbereitet und musste damit rechnen, jederzeit entdeckt zu werden.
Marianne hatte nicht nur für ein Land gearbeitet. Sie benutzte fiktive Namen und agierte im Untergrund verschiedener Länder. Sie verstand ihre Tätigkeit als legitim; denn jedes Land betrachtet die Arbeit seiner Spionin als berechtigten Nachrichtendienst und somit als legal.
Sie erzählte viele interessante Begebenheiten, die für mich

utopisch klangen, aber ich hörte – fasziniert von so vielen geheimen Machenschaften – eifrig zu.

Marianne war intelligent und konnte mehrere Sprachen, auch Russisch. Sie übersetzte uns das, was im Haus und vor unserer Tür geschah und laut diskutiert wurde.
Selbst die Posten unterhielten sich mit ihr. Ich war oft überzeugt, dass eine Kontrolle der Bewacher am Türspion vorbei ging und uns unbeachtet ließ.
Dank unserer Marianne.

Mariannes Aufgabe bestand darin, andere Länder auszuhorchen, in deren Wissenschaft und Forschung zu spionieren. Was plant das Land oder wo und womit will es seinen Gegner treffen?
Der Beginn des Kalten Krieges eignete sich vortrefflich für diese Agententätigkeit. Man brauchte Menschen wie Marianne. Im eigenen Land waren sie die Helden.
Marianne musste Kontakte herstellen und über Helfer Informationen beschaffen. Sie konnte mit Waffen in heiklen Situationen umgehen. Spionin zu sein war für sie nicht nur eine abenteuerliche Herausforderung.
Sie verriet uns nie den Namen ihres Heimatlandes, Französin zu sein war etwas anderes.
Dass sie mit „Marianne" ihren richtigen Namen genannt hatte, glaube ich heute nicht mehr.

Wir erzählten alle über unser bisher gelebtes Leben. Wir sprachen uns immer wieder Aufmunterung zu und lachten und weinten zusammen.

Ich mit meinen 19 Jahren hatte noch nicht viel zu erzählen aber meine wunderschöne Kindheit, meine Jugend und alles, was ich erlebt hatte, waren auch gute Beiträge.
Das half über die Langweile, das Nichtstun und über die Trennung von unseren Lieben zu Hause hinweg. Mir half es über die Ratlosigkeit hinweg.
Ich wusste immer noch nicht, warum ich eigentlich im Gefängnis war.

Marianne konnte sich meine Inhaftierung nur in Zusammenhang mit Spionage erklären. Und wenn ich dessen nicht schuldig sei, dann könnte es nur Frank betreffen.
Dass Frank ein Spion sein sollte, wollte wiederum ich nicht glauben.
Marianne erzählte noch, dass gegenwärtig westliche Geheimdienste verstärkt sowjetisch besetztes Terrain unterliefen und auch bei der Roten Armee eine Widerstandsgruppe im Untergrund tätig sei. Man ließe aus diesen Gründen besondere Vorsicht walten.
Das war ja alles zu verstehen. Was aber hatte das mit mir zu tun?
Ich sollte es bald erfahren.

Meine Sehnsucht nach Zuhause, nach Vater und Mutter war kaum noch zu ertragen. Wenn ich an meine Eltern dachte oder über sie sprach, war ein Kollaps meiner Gefühle nicht mehr weit weg. Der Beistand aller in der Zelle war dann hilfreich. Und doch führte dieser Zustand immer zu einer seelischen Eskalation. Ich weinte sehr viel, wurde entweder hysterisch oder ich zog mich total zurück. Ich wollte nicht mehr angesprochen werden und ließ niemand an mich heran. Ich mochte mich selbst nicht mehr, meine Umgebung nicht und nicht die ganze verteufelte Welt.

In solchen Phasen war es auch besser, mich allein zu lassen. Aber es war auch gut, dass man nicht allein war. Denn jede von uns hatte diese plötzlichen Gemütsregungen und jede schaffte es nur im Miteinander, in die Zellengemeinschaft zurückzukehren.
Mir ließ man meine Zeit am Fenster. Auch in dieser Zelle konnte ich nach etlichen Bemühungen meinen wunderschönen Lindenbaum wieder betrachten und ich hatte meinen Dialog mit Gott.
UND DAS WAR GUT SO.

Dass wir Frauen uns gut verstanden, unsere Gefühlsausbrüche tolerierten und das damit verbundene Unbehagen akzeptierten, war auch bitter nötig für die lange, gemeinsame Zeit, die man Gerda, Marianne und mir bestimmt hatte. Eine zermürbende, aufreibende lange Zeit, die wir gottlob noch nicht kommen sahen.
AUCH DAS WAR GUT SO.

Noch ahnte ich nichts von den psychischen Quälereien und Entwürdigungen bei den Verhören und von den Niederträchtigkeiten der Wachtposten im Zellentrakt.
AUCH DAS WAR GUT SO.

Im Verlauf der vielen Jahre nach unserer gemeinsamen Haft, besonders aber nach 1990 und dem Beginn meiner Aufarbei-

tung, habe ich bedauerlicherweise weder über das Schicksal von Marianne noch von Gerda etwas in Erfahrung bringen können.
Eine ehemalige Haftkameradin sagte mir, dass eine Französin in Sachsenhausen erschossen worden sei. Ob es Marianne war, konnte ich nicht erfahren.

Manchmal verführten wir drei uns in traumhafte Zukunftsfantastereien. Wir bauten Häuser, richteten diese ein und legten einen Park an.
Wir kleideten uns ein und wir gingen shoppen.
Wir kochten, was wir gern essen wollten und dinierten in einem exquisiten Hotel.
Wir träumten von tollen Ehemännern, von vielen Kindern und gaben ihnen unsere Lieblingsnamen.
Wir schwärmten von einem Leben in Luxus und Opulenz, von einem Leben in Freiheit und einem Spaziergang über duftendes Land.
Ein Schlüssel und ein *„Du raus"*, brachten uns schnell wieder in die Gegenwart zurück.

Noch immer verschwieg man mir den Grund für die Inhaftierung. Und noch immer glaubte ich an mein: „Ich bin ja nicht schuldig – ich komme hier raus." Nur sagte ich das jetzt ganz leise und nur noch zu mir selbst.

Meine kommenden Verhöre nahmen jetzt einen befremdlichen, einen gleichgültigen Tenor an. Major S. stellte langweilig seine Fragen und die Dolmetscherin übersetzte in dem gleichen Tonfall.

Nach „*Wie geht es Ihnen*“ wurde nicht mehr gefragt.

Trotz des hinterlistigen Aspekts dieser Nachfrage lockerte es doch die anfänglichen Minuten im Verhörraum etwas auf. Ich hatte ein paar Minuten, mich auf das zu erwartende Verhör einzustellen und mich selbst immer wieder meiner Unschuld zu versichern.
Mit der Frage nach meinem Ergehen, glaubte ich manchmal einen kurzen Moment einem ganz anderen Major S. gegenüber zu sitzen und ich wäre ihm gern etwas näher gekommen. Vielleicht hatte er auch eine Familie und vielleicht war er außer Dienst ein ganz anderer Mensch.

Durfte ich vielleicht doch bald gehen? Hatten sie eingesehen, dass ich mich keiner einzigen Verfehlung schuldig gemacht hatte? War ihnen meine unschuldige Inhaftierung jetzt peinlich?
Haben die britischen Behörden entgegen aller Annahme mit Erfolg intervenieren können?
Haben meine Eltern etwas ausrichten können? Konnten sie vielleicht bei der deutschen Polizei etwas bewirkt haben?
Leider zeigten die nächsten Verhöre das Gegenteil an.

Dieser legere Verlauf war nur eine Taktik, um den Gefangenen irrezuführen, ihn sicher zu machen und ihn hoffen zu lassen, um dann erneut und noch unbarmherziger zuzuschlagen. Der sowjetische Geheimdienst war nicht weniger intelligent als die Geheimdienste anderer Länder. Und seine Methoden nicht weniger brutal und nicht weniger zerstörend.
Ich lächelte auch nicht mehr freundlich die beiden Russen an.

Tagsüber lernten wir von Gerda das Klopfen an den Heizungsrohren nach einem bestimmten Code. Das waren die pochenden Geräusche, die ich in meiner anfänglichen Einzelhaft nicht deuten konnte. So war es möglich, sich mit der Nachbarzelle und den unter uns liegenden Männerzellen zu verständigen.

Von da wurden die Nachrichten weiter gegeben. Wenn die Posten nichts bemerken, war im gesamten Trakt ein Informationsaustausch möglich.

Für das Klopfen benutzten wir einen kleinen Stein. Das System, gleich morsen, hatten wir schnell im Kopf. Die Übertragung der Texte war nach einigen Versuchen kein Problem.

Tack = a, tack tack/tack = b, tack tack tack/tack = c, fünf mal tack/vier mal tack = s

Man stellte sich einfach vor die Heizung, klopfte die Worte ein und bekam von irgendwoher eine Antwort. Für mich war es noch ein Novum. Aber ich begriff schnell. Es war aufregend und interessant. Man lernte die Umgebung und die Mitgefangenen kennen und man wurde selbst bekannt.

Nur der Posten durfte uns dabei nicht ertappen, dann war das Steinchen weg und der, der morste bekam eine Strafe: Drei Stunden auf den Knien liegen. Wer heimlich aufstand, erhielt noch eine Stunde dazu. Anschließend erfuhr es der Vernehmungsoffizier und hinterfragte: Mit wem, wie lange, worüber.

„Haben Sie mit Kelly gesprochen? Haben Sie mit ihm eine Abmachung getroffen? Wollen Sie uns weiter belügen?“

Was sollten das für Lügen sein? Auf alle ihre Fragen hatte ich immer mit der Wahrheit geantwortet.

Es war Ende Oktober. Meine wunderschöne Linde verfärbte langsam ihre Blätter und ich hatte Angst, sie könnte es schwer haben, mir täglich neue Kraft zu geben. Ich geriet auch in Hader mit meinem Herrgott; denn ich wollte nun wirklich nicht länger im Gefängnis bleiben.
Vier Frauen und ein Kübel, ohne Hygiene, ohne medizinische Versorgung, mit Hunger und Durst. Natürlich gaben wir uns Mühe, einträchtig miteinander umzugehen. Wir verstanden uns gut, trugen alles Leid und Elend gemeinsam. Aber wir waren auch sehr dünnhäutig geworden und hochsensibel. Manchmal störte eine nicht vorhandene Fliege an der Wand.

Was wir früh auf dem Weg zum Kübel spülen entdeckten, was uns brauchbar erschien und was wir unbemerkt aufheben konnten, wurde mitgenommen und in der Zelle versteckt. Eine Bleistiftspitze, eine Glasscherbe, ein Fetzen Stoff oder Papier. Eine Zellendurchsuchung, angeordnet von einem „Djeschurni", beraubte uns dann wieder dieser so brauchbaren Dinge und eine törichte Strafe, für uns alle kam noch dazu.
Der Essenkübel ging manchmal an unserer Tür vorbei.
Die Zelle neben der unseren, die Nr. 80 wurde die „Todeszelle" genannt. Dort erwarteten zum Tode Verurteilte ihren Abtransport. Einmal bekamen wir von nebenan das Urteil gemorst und danach strangulierte sich die Gefangene an der Heizung selbst. Wo zum Tod Verurteilte hingebracht wurden, konnten wir auch später nicht erfahren. Schüsse, für uns hörbar, sind nicht gefallen.

Warum verurteilte man diese Menschen zum Tod, was haben sie Entsetzliches getan, um so eine Strafe zu verdienen?
Natürlich sind grauenvolle Dinge in deutschen Lagern geschehen. Gerda berichtete viel von Unmenschlichkeit. Sicher waren unter den Gefangenen in diesem Haus jetzt auch Täter und hatten sich zu rechtfertigen, hatten zu gestehen, ihre Untaten einzusehen und das Urteil zu akzeptieren.
Wir erfuhren über die Gründe für diese Verurteilungen leider nur sehr wenig.

Ich hatte als Schülerin massiv Bekanntschaft mit der Ideologie der Nationalsozialisten gemacht. Der Sowjetrusse war aus ihrer Sicht ein Mensch einer unteren Rasse. Wenn man Kriegsgefangenen auf der Straße begegnete, rundeten die jämmerlichen Gestalten das Bild noch ab.
Aber mich hatte diese Ideologie nicht überzeugt und schon meine Erziehung im Elternhaus entsprach nicht diesem Weltbild. Aber ich habe mich auch nicht bemüht, den östlichen Teil unserer Erdkugel, deren Bewohner und Kulturen näher kennen zu lernen.
Meine Erfahrungen, die ich in Potsdam dann machen musste, verstärkten die antisowjetische Haltung noch.
ICH KONNTE RUSSEN NICHT LEIDEN. ABER SIE WAREN MIR AUCH VIEL ZU FREMD.

Natürlich haben Deutsche zur Zeit der Nationalsozialisten in der Welt viel Böses getan und Menschen die Freiheit oder das Leben genommen.
Unschuldige Menschen wurden gequält und ermordet. Aber warum sollte wieder Gleiches mit Gleichem vergolten wer-

den? Damit würde die Welt und die Menschheit doch nicht besser werden.

Ich fragte mich, ist dieses sowjetische Regime jetzt besser für uns? Hat uns die Rote Armee Freiheit gebracht? Hilft sie uns, das, was wir Böses getan haben, auf eine faire Weise wieder gutzumachen? Oder führt dieses Regime totalitär die eben überstandene Nazi-Diktatur nur fort?
Deutschland wurde offenbar doch nicht zum Zweck der Befreiung besetzt, sondern als besiegter Feindstaat.
Und ich gehörte zu diesem Feindstaat dazu.
Auch solche Gedanken bewegten mich nicht selten. Und nicht selten sah ich mich dann auch als verloren an.

Nächtelang hörten wir entsetzliches Geschrei von männlichen Gefangenen. Was tat man mit ihnen? Wie viele von ihnen gingen daran zugrunde oder verschwanden einfach spurlos.
Auch uns Frauen hat man großes Leid angetan. Noch heute tragen wir unsere Verletzungen mit uns herum. Aber Frauen lassen selten Emotionen lautstark heraus. Sie halten sie zurück, verdrängen und sind fähig, an schmerzhaften Erfahrungen zu wachsen. Selbst unter Folter können sie sich einen eisernen Willen, diese Qualen zu überstehen, anerziehen und für die Dauer der Peinigung auch erhalten.
Der Schmerz kommt danach, wenn der Kopf wieder frei ist.

Frauen haben auch Angst.
Ich hatte große Angst und sie sollte noch viel größer werden.
Hätte ich zu der Zeit gesagt bekommen, dass es noch Mona-

te dauern würde bevor meine Qualen enden. Dass mein wunderschöner Lindenbaum die Blätter verlieren wird, die Äste kahl werden, sich mit Raureif und Schnee bedecken und langsam wieder begrünen. Ich weiß nicht, wie ich reagiert hätte.

Die Tage vergingen. Noch immer hoffte ich auf meinen persönlichen Sonderstatus, zumal ich ständig zum Verhör geholt wurde und immer wieder den Major wissen ließ, dass ich nichts gegen die Sowjetunion getan hätte, nicht im Krieg, nicht nach dem Krieg.
Aber ich ließ ihn auch immer fühlen, dass ich diese Sowjetunion zutiefst verachte und verabscheue.
Und das dürfte ihm nicht unbemerkt geblieben sein.

Oberst R.

Die Veränderung meiner Lage ließ nicht mehr lange auf sich warten. Ich wurde zu einem anderen Vernehmungsoffizier gebracht. Ich bekam auch eine andere Dolmetscherin, ein anderes Zimmer und ich saß auf einem Stuhl. Mein erster Eindruck vermittelte nicht Gutes.

Und ich hatte eine richtige dicke Akte auf dem Schreibtisch vor mir liegen. Meine Akte.

Das öffnete mir die Augen und war ein Zeichen, dass nichts zu Ende war, dass kein England interveniert hatte und meine Eltern nichts hatten erreichen können, dass jetzt erst richtige Verhöre auf mich zu kamen.

Mein Instinkt reagierte sensibel und warnte mich. Ich konnte mich nur schwer konzentrieren.

Meine Angst war berechtigt; denn auch der Djeschurni, der mich übergeben hatte, verblieb dieses Mal mit im Zimmer.

Ohne, dass der Offizier sich vorstellte, ohne ein: Guten Tag, wie geht es Ihnen? Ohne mich überhaupt anzusehen, begann sein erstes Verhör:

„Ich will jetzt die Wahrheit wissen!
Ich lasse mich nicht von Ihnen belügen!
Sie werden nicht mehr nach Hause kommen!
Sie sind eine Agentin und haben für FJW Kelly und England spioniert!
Überlegen Sie sich, was Sie mir antworten!"

Weder, dass er meine innere Erregung oder meine widersprechenden Gesten wahrnahm, noch dass er eine Antwort von mir erwartete, ohne weiteren Kommentar winkte er ab.

Ich wurde vom Djeschurni nach draußen und vom Posten nach oben gebracht und, bevor ich mit meinen Frauen über die neue Situation sprechen konnte, sofort wieder zum Verhör geholt.
„Seit wann kennen Sie Kelly?
Wie haben Sie ihn getroffen?
Wo sind Sie zusammen gewesen?
Sie sind eine englische Spionin!
Waren Sie in der Hitlerjugend?"
Die Dolmetscherin übersetzte und ich hatte sofort wieder, ohne zu zögern, zu antworten.
Eine respektauslösende Lederpeitsche lag auch auf dem Tisch und mit deren Griff schlug er wie im Takt zu meinen Antworten gewaltig auf den Tisch.
Das war alles so lächerlich. Ich war 19 Jahre alt und eigentlich nur in FJW Kelly ein bisschen vernarrt.

Der Offizier verließ mehrmals für längere Zeit den Raum. Nur die ebenso unfreundliche Russin war anwesend. Sie las in einem Buch und sagte kein Wort.
Ich war todmüde; denn es war wie immer schon mitten in der Nacht.
Es war eine zermürbende sowjetische Verhörmethodik und sie sollte mich mürbe und todmüde machen.

Einerseits war jetzt die Frage nach dem „warum bin ich inhaftiert" beantwortet. Ich wusste dennoch nicht, ob ich mir ernste Gedanken machen oder den Vorwurf als absurd abtun sollte. Andererseits gab die Gewissheit meiner Unschuld mir auch neuen Mut.

Ich hatte nichts dergleichen getan, nicht im Krieg und nicht danach, also konnte mir nichts nachgewiesen werden, ergo mir nichts passieren.
Das Wort Spionage kannte ich nur von den nationalsozialistischen Aushängen „Feind hört mit". Im Krieg konnte man es auf Plakaten an jeder Straßenkreuzung lesen.
Da ich von Spionage keine Ahnung hatte, war ich mir sicher, diese Beschuldigung schnell aufklären zu können.
Ich war wieder einmal voller Zuversicht, dass es bald nach Hause gehen würde und alles vorbei sei.
Was aber war mit Frank? Stellte man ihm die gleichen Fragen? Welche Argumente brachte er vor?
So, wie ich ihn gesehen hatte, war es nicht gut um ihn bestellt. Aber das zu bedenken blieb mir nicht viel Zeit; denn das nächste Verhör stand an und der Weg nach Hause rückte immer weiter in die Ferne.

In den kommenden Wochen wurde mir bewusst: Der sowjetische Geheimdienst NKWD wollte uns der Spionage überführen, den Briten FJW Kelly und auch mich. Nur so konnte er seine Machtstellung den Alliierten gegenüber ausbauen. Und so fanden sich die Austauschagenten.
Der NKWD war gefährlich geschickt in der Fragestellung. Man konnte sich schnell versprechen und hatte dann keine Möglichkeit, das einmal Gesagte zu berichtigen.
Es war im Protokoll niedergeschrieben, es wurde nicht korrigiert.
Eine einmal gegebene Antwort zu revidieren, war schwer. Der Offizier fühlte sich irregeführt und betonte das mit einer unsinnigen Reaktion.

„Was glauben Sie, wo Sie hier sind? Wer wir sind? Wollen Sie uns zum Narren halten?“

Ein Entzug von Mahlzeiten oder Schlafverbot waren oft die Folge. Eine, die Psyche belastende, unvorstellbare Maßregel war auch, in einem verdunkelten Raum im Vernehmungstrakt allein zu sitzen und an brutalen fremden Vernehmungen indirekt teilnehmen zu müssen.
Das sollte heißen: So wird es dir auch ergehen.

Irgendwann in dieser Zeit hatte ich eine seltsame Begegnung an der Heizung.
Ich morste mit einem Mann und dieser nannte sich „James Wilkinson“. Er wäre in der Zelle unter mir und könne etwas sehr Wichtiges zu meinem Fall sagen.
Ich solle mittels eines Fadens, den ich bei der Essenausgabe erhalten würde, eine geheime Nachricht von ihm entgegennehmen. Ich lehnte das ab und meine Zellengenossinnen lehnten das ab. Es konnte schwerwiegende Folgen für uns alle in der Zelle haben. Also reagierte ich nicht und hörte auch nichts mehr von ihm.
Dafür umso mehr vom Vernehmungsoffizier in den kommenden Verhören.
„Sie wissen genau, dass James Wilkinson auch Frank James William Kelly ist!
Geben Sie endlich zu, dass er Ihr Auftraggeber gewesen ist!
Geben Sie zu, dass Sie seine Aufträge ausgeführt haben und der Sowjetunion Schaden zugefügt haben!“
Das war wieder so ein abartiger Vorwurf, der Zeit und mir viel Kraft raubte ihn zu widerlegen.

Jede Vernehmung dauerte jetzt Stunden, manchmal kippte ich todmüde vom Stuhl und der Offizier gebrauchte seine Lederpeitsche, um mich unsanft wieder in Position zu bringen. Oft saß ich nur, ohne gefragt zu werden und ohne etwas sagen zu dürfen. Oft hatte ich in einer Ecke zu stehen wie ein ungehorsames Schulkind.

Nach jeder meiner Antworten, die ihm nicht genügte, betonte er sein Missfallen mit einem schmerzhaften Hieb seines Spielzeugs. Ich konnte mich nicht dagegen wehren. Es war ihm besondere Genugtuung, zu schlagen und zu demütigen. Es machte ihm noch größere Lust, und er fühlte sich noch mehr animiert, wenn ich versuchte, seinen Schlägen zu entgehen.

Ein schmerzhaftes Katz und Mausspiel nach Regeln des NKWD.

Als er das erste Mal so brutal gegen mich vorging, sprang ich vom Stuhl hoch und schrie ihn an:

„Hören Sie auf, Sie dürfen das nicht mit mir machen!
Ich bin ohne Schuld in diesem Gefängnis und ich werde das meinem Land berichten und den üblen Ruf ihres NKWD bezeugen!“

Ich erinnere mich, dass ich den Stuhl gegen den Offizier werfen wollte.

Es war eine dramatische Situation. In meiner Erregung handelte ich sehr unüberlegt. Ich verlor das erste Mal meine Fassung gegenüber diesen, von mir so sehr gehassten Sowjetmenschen.

Der Offizier schlug so unbarmherzig auf mich ein, dass ich den Stuhl zu meinem Schutz gebrauchen musste.

Was hat in dieser Situation wohl mehr geschmerzt oder die Seele verletzt? Die Schläge oder die Herabwürdigung durch einen Mann.

Der Vernehmungsoffizier war ein Oberst R.
So gefährlich, wie er aussah, so aggressiv war sein Verhalten. Er vernahm mich ohne Rücksicht auf mein junges Alter. Ohne Mitleid zu haben mit meinem desaströsen seelischen und körperlichen Zustand nach der langen Zeit im Gefängnis. Er behandelte mich ohne daran zu denken, dass ich vielleicht auch unschuldig sein könnte.
Er war groß und kräftig und meinen abgemagerten 45 kg gegenüber ein Riese. Ich konnte gar nichts gegen ihn ausrichten. Ich war seinem Machtgebaren schutzlos preisgegeben.
Die Dolmetscherin sah seinem Treiben gelassen zu.

Die Sowjets waren mir nie sympathisch gewesen. Aber jetzt war ich in die Hände einer Ausgeburt des in der Sowjetunion herrschenden Systems geraten.
Wie konnte man so unmenschlich einem anderen Menschen gegenüber handeln?
Ich musste jetzt sehr vorsichtig sein, immer bei der Wahrheit bleiben, mich nicht einmal versprechen. Nur so konnte ich mir und auch Frank helfen, überhaupt in diesem Haus zu überleben.

Diesen konsequenten Willen, immer bei der Wahrheit zu bleiben, hatte ich mir geschworen. Ich konnte ihn auch bewahren und mir nicht nehmen lassen.
In keiner noch so verzweifelten Situation, nicht bei einem

einzigen gewalttätigen Verhör und der oft unerträglichen Entwürdigung dabei.
Nicht bei all den Kränkungen im Zellentrakt, die ich in gesteigerter Form noch zu spüren bekam.
Nicht einmal, wenn die Luft zum Atmen fehlte und der Körper einfach nicht mehr wollte.

Auch der Gang zum Verhör und die Rückkehr in die Zell erfolgten jetzt sicher auf Anweisung von Oberst R. sehr rabiat. Russische Befehle verstand ich schon ganz gut und hörte genau, wenn ich an der Reihe war.
Ich stand dann schon parat an der Zellentür, um ja nicht den Posten warten zu lassen oder zu verärgern. Ich hielt meine Hände auf dem Rücken, den Kopf nach unten, war folgsam, so dass erst einmal der Gang zum Verhör ohne schmerzhafte Zurechtweisung erfolgen konnte.

Zu Beginn meiner Zeit im Gefängnis hatte ich ein sehr renitentes Verhalten den Posten gegenüber gezeigt. Das gefiel ihnen gar nicht. Mit Fußtritten und Stockschlägen in den Rücken forcierten sie ihre Befehle und ich stolperte die drei Etagen hinunter und herauf. Das lernte ich schnell, mir zu ersparen.
Je länger man in einem Gefängnis ist und mit diesen Menschen zusammen leben muss, umso weniger verkompliziert man die Art und Weise miteinander auszukommen. Man lernt sich kennen.
Bei dem einen darfst du das. Wenn der andere da ist, lässt du etwas besser bleiben. Mit dem kommst Du am besten aus.
Renitenz ist fehl am Platz oder man macht sich das Leben selbst zur Qual.

Ein „Djeschurni“ stand allen anderen Posten im Gefängnis vor, er war der Hauptverantwortliche für den gesamten Zellentrakt.
Er kontrollierte und inspizierte die Zellen. Er bewachte und beäugte die Übergabe der Gefangenen. Er ordnete nach seinem Belieben viele törichte Strafen an.
Im Gefängnistrakt hatte er das Sagen. Die Offiziere ließen ihn meist gewähren.

In Potsdam gab es drei Djeschurni und sie standen im Rang eines Unteroffiziers. Da ein „Djeschurni“ einen 12 Stunden Dienst absolvierte, wechselten sie Tag und Nacht.
Ich erinnere mich noch, dass wir für jeden einzelnen einen zutreffenden Namen hatten. Von Vorteil war es, sich mit diesen Soldaten gutzustellen und ihre Besonderheiten zu akzeptieren.

Der „Djeschurni“ selbst schloss die kleine Tür vom Vernehmungstrakt zum Zellentrakt auf und brüllte:
„treti sjemdesjat djevit.“
Dann setzte sich ein Ablauf in Bewegung und Posten und Schlüssel kamen wie erwartet zu unserer Tür:
„Pisdold (Petzold) Du, raus, dawei – poschli.“

Hände auf dem Rücken, Kopf nach unten.
Wenn unerwartet ein Gefangener entgegen kam, wurde ich mit dem Gesicht zur Wand platziert und wehe, die Neugier übermannte mich und ich drehte mich um. Irgendeine schmerzhafte Strafe hatte der Posten immer parat.

Einmal, als ich mich eines besonderen Geräusches wegen doch umdrehte, sah ich, dass zwei Soldaten wieder ein Bündel Mensch mehr schleiften als schleppten und in die unter meiner Nr. 84 gelegene Zelle hineinwarfen.
Ich konnte nicht anders als meinem Posten meine ganze Abscheu zum Ausdruck zu bringen. Meine Worte musste der Posten wohl verstanden haben.
Er schlug einfach zu.
Und er durfte das, mein Offizier hatte nichts dagegen.
„Sagen Sie die Wahrheit und Sie können nach Hause gehen.“

Dabei war diese Prozedur auf dem Weg nach unten erst Vorspiel. Was dann oft im Verhör geschah, widerstrebt mir, auch viele Jahre später, wiederzugeben.
Menschen, die das nicht erlebt haben, können das weder verstehen noch mitfühlen. Oft glauben sie es einfach nicht. Oder sie sagen: Du bist doch aber zurückgekommen.
Das schmerzt noch mehr.

Potsdam Gefängnis, Zellengang (Foto Studera, 1995)

Konfrontation.

Ich ahnte es nicht. Eine Gegenüberstellung mit Frank stand bevor.
Auf dem Weg zum Verhör bemerkte ich nicht sofort, dass es wieder in einen anderen Raum ging. Dann wurde es mir bewusst; denn der Raum war größer und es standen zwei Schreibtische darin. Hinter je einem Schreibtisch stand ein Stuhl. Es waren einige Leute mehr anwesend.
Ihrer Uniform nach konnte ich einige hochrangige Offiziere und zwei Personen in Zivil sehen. Mein großer, kräftiger Oberst R. überragte mit arroganter Ausstrahlung alle anderen. Sein hässliches Gesicht hatte etwas Triumphierendes im Blick.
Es wirkte auf mich wie: *Du wirst staunen, Rosemarie.*
Ich fühlte, dass etwas Außergewöhnliches passieren würde und geriet in Panik. Es könnte auch mein Tribunal sein und die Angst, unschuldig verurteilt zu werden, war berechtigt.
Ich sah aber auch die Gefahr, dass man meine Erregung bemerken könnte und das wäre für ein Urteil jetzt tödlich gewesen. Vielleicht ließen sie mir eine Gelegenheit, mich zu verteidigen. Was sie auch vorhatten, ich musste Ruhe bewahren und Gleichgültigkeit zeigen.
Nach Hause ging es auf jeden Fall nicht.

Eine mir fremde Dolmetscherin befahl, mich zu setzen und nicht nach rechts zu sehen.
FJW Kelly würde den Raum jetzt betreten und unter keinen Umständen dürfte ich zu ihm etwas sagen.

Frank wieder zu sehen, ließ für einen Moment Freude aufkommen. Aber die Bedeutung dessen, dass sein Dabeisein wichtig und ein Tribunal zur Folge haben muss, brachte mich sofort in die Realität zurück.
Ich hatte große Angst.
Was hatten sie mit uns beiden vor? Welches Urteil wollte sie uns geben? Blieben mir noch Zeit und Möglichkeit, erlaubten sie es, mich zu rechtfertigen? Könnte ich glaubhaft erklären, dass ich keine Spionin bin und nur gern mit Frank zusammen war!
Sollte das jetzt wirklich alles in meinem Leben gewesen sein? Sah ich die Eltern so schnell oder überhaupt nicht wieder?
In diesem spannungsgeladenen Zustand fiel es schwer, die Haltung zu wahren; denn auch alle anwesenden Augenpaare waren auf mich und mein Verhalten gerichtet.

Als die Tür aufging, blickte ich trotz Verbot zu Frank hinüber.
Ich sah nur in sein Gesicht. Auch er sah mich kurz an. Ich bemerkte ein kleines winziges Augenzwinkern und verstand darin ein: PAY ATTENTION, ROSEMARY!

Dann erst nahm ich die jammervolle Gestalt wahr, die im Raum stand und die Balance nicht halten konnte. Frank musste große Schmerzen haben.
Ich hätte aufspringen wollen und blieb doch wie erstarrt auf meinem Stuhl sitzen. Das hatte ich nicht erwartet, er hatte vollends sein menschliches Aussehen verloren.
Hier hat man verdammt wenig Zeit gebraucht, um aus einem gut anzuschauenden Mann ein menschliches Wrack zu ma-

chen. An ihm war nichts mehr, wie es einmal war. Sein linker Arm war schmutzig verbunden. Zu dieser Zeit hatte er bereits ein erstes Mal die Pulsader geöffnet, wie ich später erfuhr.
Sein Körper stand zunächst schmerzverzerrt vor dem Stuhl und er hatte Mühe, sich zu setzen.
Ich wollte hoch, ihn stützen; denn keiner im Raum kam zu Hilfe. Aber es war wohl die Angst vor dem Tribunal oder eine für mich erkennbare Geste von Frank zu meinem Schutz, ihm nicht zu helfen.

Im Nachhinein wurde mir bewusst, dass diese Vorstellung gezielt für mich inszeniert und als eine Lektion gedacht war.
Ich sollte Frank ansehen, mitfühlen und mit ihm leiden.
WIR HATTEN KEIN TRIBUNAL, WIR HATTEN EINE KONFRONTATION.

Ich wollte auf jedem Fall diese Gegenüberstellung für uns beide gut machen und Standhaftigkeit zeigen, mich so zeigen, dass auch Frank davon profitieren konnte. Er brauchte jetzt meine Unterstützung und er sollte erkennen, dass ich stark geblieben war.
Trotz der erschütternden Eindrücke war ich erst einmal beruhigt, dass er immer noch in meiner Nähe war. Er lebte im gleichen Gefängnis und das tat mir gut.
Dann geschah etwas Unerwartetes.
Offiziere, Zivilisten und die anwesenden Dolmetscher, aller Augen waren nur auf mich gerichtet, als Frank nach einer ersten Befragung mich der Spionage und der Mitarbeit mit ihm und für England beschuldigte.
Er gab Daten, Fakten und Kontaktpersonen an und er sprach

Englisch, sehr langsam, was ich sofort gut verstand, oder – von ihm so gewollt – verstehen sollte.
Diese Aussage war eine Farce oder meine Verurteilung zur Höchststrafe für Spionage nach sowjet-russischem Gesetz und die Antwort lag jetzt bei mir.
DAS WAR SEIN „PAY ATTENTION, ROSEMARY".

Ich behielt einen sehr kühlen Kopf und eine extreme Beherrschung. Ich zeigte auch keinerlei Erstaunen nach außen. Aber ich war unsagbar wütend auf diese Krönung der Unverschämtheit, auf diese Komödie. Nicht auf Frank; denn mir war klar, dass er zu dieser Aussage gezwungen worden war.

Was erlaubten sich diese Russen? Dachte ich. Ist das deren Recht und Gesetz, um politisch im Land und unter den Menschen in Deutschland aufzuräumen. So schaffen sie sich keine Freundschaft und kein Vertrauen und vor allem keine Anerkennung ihrer politischen Gesellschaftsordnung.
Diese vor mir stehenden widerlichen Gestalten sahen mich so triumphierend und provokant an. Auf der anderen Seite hockte Frank, diese menschliche Ruine.
Das bewirkte bei mir das Gegenteil von Befangenheit.
Ich vergaß meine eigene prekäre Lage. Erbost über die lächerliche Darbietung riskierte ich alles. Und in aller Deutlichkeit kam meine Antwort:
„Haben Sie Lieutenant Kelly so fertig gemacht, dass er irre im Kopf und nicht mehr Herr seiner Sinne ist?
Gehört er zu den Gefangenen, die Sie nachts foltern und schinden und zu solchen Aussagen erpressen?

Das, was Lieutenant Frank James William Kelly hier gesagt hat, ist nicht wahr, es ist lächerlich und für mich weder einer Erklärung noch einer Verteidigung wert! Ich bin keine Spionin!
Ich bin unschuldig in diesem Gefängnis und das wissen Sie genau!"

Mein ganzer Hass auf Russen, aber auch meine Ohnmacht gegenüber dieser Situation, setzte einen Ausbruch ungeahnter Emotionen in mir frei.
Das hatten sie nicht erwartet.
Ich auch nicht.
Ich war nicht groß, ich war schmächtig und eigentlich ein Häuflein Unglück nach den vielen Wochen hinter Mauern.
Meine Illusion, dass ich bald nach Hause gehen könne, war mir nun so drastisch genommen, dass ich über das Häuflein Unglück hinaus wuchs und das ganze Geschwader hinter den Schreibtischen zunächst erstarren ließ.

Mein Oberst R., hochrot im Gesicht, griff nach seinen Lederriemen und schlug zu, so derb, dass ich mich nicht mehr aufrecht halten konnte.
Und keiner der Anwesenden hat ihn zurückgehalten.

Es tat unendlich weh und die Tränen standen in meinen Augen. Aber ich weinte nicht.
Unsagbar mehr schämte ich mich vor Frank.
Diese Schmach und Herabsetzung in seiner Gegenwart konnte ich nur schwer ertragen.

Sicher hätte er mir gern geholfen, das fühlte ich. Aber ich wusste auch, dass er das nicht konnte.
Es hätte uns beiden nicht gut getan.
Für einen kurzen Moment mit tränenfeuchten Augen konnte ich ihn noch einmal ansehen und ich verstand wieder, dass er mir sagen wollte:
„Stop crying, keep smiling, Rosemary."

Er war wohl von meiner Aussage unendlich erleichtert.

Wer war FJW Kelly wirklich?

Irgendwann später bekam ich von Frank Kassiber zugespielt und konnte sie auf dem gleichen Weg auch beantworten. Deutsche Gefangene, die beim Essenausteilen helfen durften, machten diesen Austausch ohne Rücksicht auf die eigene Gefahr möglich.
Vielleicht war dieser Austausch ebenfalls von meinem Oberst R. in Szene gesetzt. Vielleicht wollte er aus diesen wenigen Worten einen Beweis für seine Anklage herauslesen?

Wir wussten beide, dass alles noch lange nicht zu Ende war und uns noch eine qualvolle Zeit bevorstand, die wir aber in Vertrauen auf Gott und in dem festen Willen, immer bei der Wahrheit zu bleiben, gesund überstehen wollten.
Wie oft wir diesen Austausch ermöglichen konnten, weiß ich nicht mehr.
Ich hätte diese Kassiber gern behalten, aber eines Tages wurden sie bei einer Zellendurchsuchung gefunden und weggenommen. Auch meine Briefe hat man bei Frank gefunden.
Ob inszeniert oder nicht, Oberst R. war in Kenntnis gesetzt, konnte aber keinen Erfolg verbuchen.

Ich musste für diese Briefchen eine barbarische Strafe ertragen und Frank sicher auch. Der Geheimdienst glaubte am Ende doch, dass in den wenigen Worten in einem Code verschlüsselt, wichtige Informationen weitergegeben wurden. Das wollten sie mit allen zur Verfügung stehenden erpresserischen Methoden herausbekommen.

Wichtig war für Frank und für mich, uns gegenseitig Mut zu machen, um den Anschuldigungen des Geheimdienstes die Stirn zu bieten.
Ich habe Frank nie wieder gesehen.

Oft habe ich ihn noch gehört, er pfiff an seinem Zellenfenster eine kleine Melodie, die ich immer gern mochte. Das war auch für mich eine Beruhigung. Dann konnte ich sicher sein, dass er noch im Haus war, im Haupttrakt irgendwo unter meiner „79“.
In welcher Zelle genau Frank eingesperrt war, konnte ich bis heute nicht erfahren.
Auch Herr Klaus Schmidt, ein Zellenkamerad von ihm und später VOS-Bundesvorsitzender konnte sich nicht mehr erinnern. Frank hat in seinem Buch darüber nicht geschrieben.

Wir legten in unserer Zelle eine winzig kleine Strichliste im Mauerwerk an. So konnten wir die Tage und Monate gut verfolgen. Ich stellte fest, dass bereits November war. Mein wunderschöner Lindenbaum stand traurig mit fast kahlem Geäst im Gefängnishof und beweinte mit mir meine drei Monate in Potsdam.
Mit welch sonnigem Gemüt und frohen Gedanken in den Tag war ich nach Bad Liebenwerda und am nächsten Tag zu meiner Verabredung mit Frank am Bahnhof gekommen und wie bitter war mein Weg bis jetzt verlaufen.
Ich war nicht mehr stark und nicht mehr unzerbrechlich. Es ging physisch und psychisch bergab.
Ich musste für mich selbst eine Entscheidung treffen. Aufgeben oder durchhalten und das war verdammt nicht leicht.

Aufgeben hieß eine Geschichte erfinden, fiktive Namen nennen und ein Geständnis unterschreiben. Das hieß, allen Quälereien hier in diesem Haus zu entgehen.
Das hieß aber auch, Frank mit einzubeziehen.
Das hieß, ein Tribunal zu haben und in einem Lager die Strafe zu abzuarbeiten.
Aber ich war nicht nur für mich allein verantwortlich, zu mir gehörte Lieutenant FJW Kelly, Angehöriger der Royal Army und meiner Überzeugung nach eben so unschuldig wie ich.
Dazu kam, dass Oberst R. der Geschichte sowieso keinen Glauben schenken und sich des falschen Spieles wegen veralbert und genervt fühlen würde. Oberst R. die Autorität zu nehmen oder ihn als einen Dummkopf zu sehen, wäre lebensgefährlich verlaufen.
Ich entschied mich also für Durchhalten, mich verteidigen und weiter den Sowjets meine ganze Verachtung und Abscheu zeigen.
NICHT JETZT UND NICHT MORGEN, ABER IRGENDWANN WÜRDE ICH AUCH MEINE ELTERN WIEDERSEHEN.

Aber nach der Konfrontation gab es keinen Pardon mehr.
Mit allen zur Verfügung stehenden Mitteln wollte Oberst R. mir die Spionagetätigkeit nachweisen und mich zu diesem Geständnis zwingen. Ich kämpfte immer wieder dagegen und gegen seine Schlagkräftigkeit an.
Noch besaß ich ein Selbstwertgefühl. Und das wollte ich mir diesem Unmenschen gegenüber erhalten.

Die Protokolle waren stets kyrillisch geschrieben, es wäre also für den Geheimdienst möglich gewesen, ein fiktives Ge-

ständnis selbst zu schreiben. Ich hätte, für mich unleserlich, auch unterschrieben.
Warum tat Oberst R. das nicht? Warum wartete er auf meine Version eines Geständnisses?
War es möglich, dass der britische Geheimdienst das Verfahren mit verfolgte? Dass beide Länder kooperativ unseren Fall bearbeiteten? Dass Franks' Aufenthalt nach dem Krieg in Deutschland, in der Leipziger Umgebung einem ganz anderen Auftrag entsprach und auch der britische Geheimdienst uns beide, Frank und mich verdächtigte?
MÖGLICH WÄRE DAS GEWESEN!

Als ich 65 Jahre später erfuhr, dass Frank kurz nach der Landung an der Westküste ein Gefangener der Deutschen Wehrmacht wurde, mehrere deutsche Kriegsgefangenenlager durchlief und zuletzt im „ POW Lager Mühlberg" von der Roten Armee befreit wurde, fragte ich mich selbst, ob er als ein deutscher Spion im Umfeld von Leipzig agierte und von daher einen politischen Auftrag hatte.
MÖGLICH WÄRE AUCH DAS GEWESEN.

Nach 1990 und mit seinem Buch bekam ich vieles zu wissen, was ich 1946 strikt abgelehnt hätte.
MÖGLICH WÄRE ALLES GEWESEN.

Fast jede Nacht wurde ich geholt, zuerst verhielt Oberst R. sich normal, dann wurde er zynisch, dann boshaft und dann schlug er zu.
Er konnte zur Bestie werden.
„Guten Abend, Rosemarie

Haben Sie schon gut geschlafen und an uns gedacht, von uns geträumt?
Heute werden Sie uns die Wahrheit sagen; denn wir haben für Leute, die lügen, besondere Strafen.
Warum verteidigen Sie Kelly?
Er hat Sie ausgenutzt und betrogen.
Möchten Sie etwas trinken oder essen, wir geben Ihnen alles und Sie können sofort nach Hause gehen.“

Ich habe auf solcherart Gespräche niemals geantwortet und immer nur gesagt:
„Ich bin unschuldig, ich habe nichts getan und ich will nach Hause.“

Noch niemals hatte ein Mensch mir mit der Hand ins Gesicht geschlagen, eine Ohrfeige der Eltern war kein Vergleich. Oberst R. tat es und für mich war das eine noch größere Diffamierung als der Gebrauch seiner Riemenpeitsche.
Oberst R. bevorzugte es auch, mich nach der Vernehmung in den „Karzer“ zu bringen.
Der Karzer war eine total leere Nasszelle. Ohne Fenster, nur eine kleine abgedunkelte Lampe in einer der oberen Ecken gab etwas Licht. Ich hatte mich nackt auszuziehen, die Kleidung nahm der Posten weg. Dann bekam ich von einem Soldaten eine derbe eiskalte Dusche aus einem Schlauch und musste in Kälte und Nässe, ohne mich abtrocknen zu dürfen, die Nacht verbringen.
Nackt, zähneklappernd und am ganzen Körper zitternd, hockte ich dann auf dem Betonboden, ganz meinen körperlichen und seelischen Schmerzen ausgesetzt.

Ab und an kam einer der Etagenposten und kontrollierte am Eisengitter, das vor der Zelle angebracht war, meinen Zustand.

Das waren Entwürdigungen, die noch mehr schmerzten als eine Prügelstrafe. Ich wollte das einfach nicht mehr ertragen. Der Wunsch, Schluss zu machen, war dann so nahe und der Gedanke daran tat nicht einmal weh.

Bei der nächsten Vernehmung fragte der Offizier, wie es mir in der Nacht und in der neuen Zelle gefallen hätte. Er drohte an, dass ich diese Behandlung wieder haben werde, wenn ich nicht die Wahrheit sage.

Er trieb mich zum Wahnsinn mit seiner Fragerei nach der Wahrheit. Oft wollte ich etwas erzählen, was ihm gefallen könnte, nur um ihn abzulenken und seinen Wutausbrüchen zu entgehen.

Wenn ich mich nur einmal mit Frank hätte aussprechen können. Was stand in seiner Akte? Was sagte Frank in seinen Vernehmungen?

Ich selbst konnte mich von der Anklage der Spionage frei sprechen. Konnte ich das auch von Frank noch behaupten? Ich erinnerte mich an die Treffen mit anderen Militärangehörigen in Leipzig. Warum hatte er mich eigentlich mitgenommen? Warum hatten wir uns nicht für später verabredet?

Wer war Frank Kelly wirklich?

Warum beunruhigten mich immer wieder diese Fragen? Warum quälte mich dieses aufsteigende Misstrauen, die bohrenden Zweifel an Franks' Loyalität?

Mit aller Kraft versuchte ich gegen diesen erhobenen Zeigefinger anzugehen, sagte mir immer wieder: Es ist alles in Ordnung, Frank ist sauber, Unrechtmäßiges hat er nicht getan und auch nicht mit mir vorgehabt.
Was hat Frank Kelly in Leipzig getan?

Auch Gerda und Marianne waren gegen mich und kritisierten meine Einstellung Frank gegenüber.
Ich sollte doch einfach nur für mich selbst da sein, für mich selbst denken und für mich selbst entscheiden. Sie waren nicht gut auf Frank zu sprechen.

Einmal legte Oberst R. mir ein in kyrillisch geschriebenes und von meinem Vater unterschriebenes Protokoll vor.
Das regte mich natürlich wahnsinnig auf. Schlimmer konnte es nicht kommen. Zudem war ich sehr instabil geworden. Die immer neuen Anschuldigungen bröckelten an meiner Standfestigkeit.
Der Oberst sagte, dass mein Vater auch in Haft sei und man ihn erschießen würde, wenn ich nicht zugebe, spioniert zu haben. Mein Vater hätte schon die Wahrheit gesagt.
Weitere Agenten und Kontaktpersonen von FJW Kelly wären auch inhaftiert. In ihren Aussagen hätten sie mich mit beweisbaren Tatsachen auch beschuldigt. Ich erkannte die Unterschrift meines Vaters, aber ich konnte das Protokoll nicht lesen.
Sollten sie ihn auch verhaftet haben, wäre das eine Tragödie. Meine Mutter würde daran zerbrechen. Oder hatte man meine Mutter auch verhaftet? Hatte man die Wohnung durchsuchen lassen? Manch verfänglicher Feldpostbrief war noch

vorhanden und hätte wieder zu blödsinnigen Fragen Veranlassung gegeben.
Aber mein Vater hätte niemals eine solche Aussage gemacht, das wusste ich genau.
So hatte ich nur eine Antwort:
„Halten Sie meine Eltern aus dieser Sache raus.
Ich bin unschuldig, aber machen Sie mit mir endlich, was Sie wollen.
Ich will nicht mehr!"

Und er machte, was er wollte. Immer wieder fiel ihm eine neue, abnorme und perverse Bestrafung ein. Alles tat unsagbar weh und hinterließ Wunden die nicht nur den Körper verletzten.
Was war das für ein gefühlloser Mensch? Was bewegt ihn zu solchen Taten, wie abgrundtief muss sein Hass sein, auf mich und auf alles, was mein Deutschsein zum Ausdruck bringt.

Hatte man ihn im Krieg so sehr verletzt? Hatte er durch die Wehrmacht seine Familie verloren? Hatte er selbst Schlimmes erlebt? Hatte man ihm selbst wehgetan? Oder war er einfach böse von Natur?
Später fragte ich mich immer wieder: Handelte er nicht entgegen dem, was im Potsdamer Abkommen vorgegeben wurde? Missachtete er nicht skrupellos dort festgtelegte Gesetze im Umgang mit den deutschen Bürgern?
Handelte der NKWD unabhängig von der Sowjetischen Militäradministration? Hatte der Geheimdienst, die besonders krasse Verkörperung des sowjetischen Regimes, einen eigenen Plan und eigene Vorstellungen, den Nationalsozialismus

mit Stumpf und Stiel auszurotten und ich gehörte einfach dazu?
Ich hätte seine Beweggründe gern erfahren. Aber auch geantwortet, dass meinen jungen Jahren keine Schuld am Kriegsgeschehen angelastet werden könne und er mit mir, als junge unschuldige Person auch so umgehen sollte. Wie anders sollten wir sonst gegenseitig Frieden und Freundschaft finden?

Wie ich später in Franks' Buch lesen konnte, ging Oberst R. mit ihm nicht anders um und nicht selten wollte auch er aufgeben.
Aber unsere gegenseitige telefonische Seelsorge, die wenigen Worte über die Heizung oder mittels Kassiber, gaben immer wieder Mut, durchzuhalten.
Auch mein Lindenbaum wollte so gar nicht mit einer Kapitulation einverstanden sein. Beim „Amen" nach einem intensiven Gebet war ich wieder sicher, die Auseinandersetzungen mit meinem Oberst R. ertragen zu wollen.

Früh, gleich nach dem Läuten zum Aufstehen, stellte ich mich gern unter das Fenster. Gekippt ließ es etwas Frischluft zu uns herein.
Diese wunderbare Morgenluft in einer Stadt und der langsam beginnende Verkehr weckte immer noch für wenige Augenblicke eine Sehnsucht nach draußen.
Es roch noch so verführerisch nach einer Backstube in der Nähe oder nach frisch geräucherter Ware einer Fleischerei.
Diese Normalität wollte ich doch auch wieder gern in mein Leben zurück bringen.

Aber jeder neue Tag brachte neue Qual, neues Leid und neue Schikanen.
An jedem neuen Tag entstand ein Gefühl von Hoffnungslosigkeit erneut.

Winter 1946

Hunger, Durst und Schmutz, die fehlende Hygiene, alles verlor zu der Zeit an Bedeutung.
Die irrsinnigen und unmenschlichen Vernehmungen hatten meine Seele zu gewaltig verletzt, den Körper abgestumpft und gefühllos gemacht. Ich empfand nichts mehr. Und immer weniger dachte ich an zu Hause, an die Eltern und an ein Wiedersehen.
Frieden mit meinem Schicksal, alles zu akzeptieren, war ein gefährlicher Zustand. Selbst das Gebet half immer weniger, diesem zu entkommen.

Auch der Begriff „Freiheit“ hatte an Bedeutung verloren. Von Tag zu Tag entfernte ich mich mehr von einem Leben vor dem Gefängnistor. Nach einem halben Jahr in der Gefängniszelle war ich nahe daran, zu kapitulieren. Ich sah keine Möglichkeit mehr, mich der Anklage auf Spionage zu entziehen. Oberst R. beharrte auf seiner Meinung. Was sollte ich noch dagegen halten?

Irgendwann verließ uns Frau Raeder. Wir nahmen an, dass sie ein Urteil bekam oder nur entlassen wurde. Wir trauerten ihr nicht besonders nach. Manchmal war sie doch etwas anstrengend.
Später konnte ich nachlesen, dass sie Tribunal hatte und nach Sachsenhausen kam und erst mit der Schließung des Lagers 1950 von dort entlassen wurde.

Einigen ehemaligen gefangenen Frauen ist Frau Raeder von Sachsenhausen her noch bekannt. Sie war als Aufseherin über eine Gruppe Verurteilter dem sowjetischen Lagerpersonal behilflich. Sie war unter den Gefangenen wenig beliebt.

Gelegentlich gönnte man uns fünf Minuten frische Luft. Darüber entschied natürlich der Offizier aber auch der Posten musste willig sein, die Zellentür zu öffnen. Es passierte nicht selten, dass er eine Tür überging.
Als ich ein erstes Mal in den Hof kam, fiel ich nach 2 Schritten um. Ein Posten hob mich auf und setzte mich auf eine Bank. So war es mir möglich, meine äußere Umgebung richtig wahrzunehmen.
Es war ein kleiner Hof mit einem, rundum etwas erhöhtem Fußweg aus Pflastersteinen. Der Hof war von zwei Seiten von Gefängnismauern umgeben.
Eine Seite gehörte zum Vernehmungstrakt. Ein großes Tor führte in einen weiteren Hof, den ich aber nie betreten habe. Es war eine großer Komplex und eigentlich unvorstellbar mitten in Potsdam-Stadt.

Da wir nur drei Frauen waren, passierte es, dass von einem Nebentrakt Frauen dazu kamen. Wir durften keinen direkten Kontakt haben. Man hatte aber auch kein Interesse mehr daran, mit anderen Gefangenen in ein Gespräch zu kommen.
Wir mussten in diesem Hof hintereinander mit Abstand und mit den Händen auf dem Rücken gehen. Es war nicht erlaubt, zu sprechen, da es von den Zellenfenstern aus gehört werden konnte und man vielleicht Nachrichten weitergeben wollte.
An dem großen Tor stand mein wunderschöner Lindenbaum.

Zum Hofgang konnte ich ihn in seiner stattlichen Größe bewundern. Wie konnte so ein herrlicher Baum in so einer traurigen Umgebung wachsen und gedeihen?

Eine Rita und Sonja kamen später als weibliche Wachtposten auf unsere Etage. Ob sie auch verurteilt waren, konnten wir nicht herausfinden. Die beiden wollten natürlich besonders gefällig den Offizieren zuarbeiten und bestraften oft für Dinge, die jeder Strafe entbehrten.
Wenn man sich am Tag zum Schlafen legte, wenn man an der Heizung stand oder versuchte, am holzverschlagenen Fenster zu hantieren.
Ahndungen dafür waren mehrere Stunden auf den Knien liegen, Karzer und der Wasserstrahl oder schlimmstenfalls die Kellerzelle, diese allerdings nur mit Zustimmung des Offiziers. Kein Essen erhalten und in der Nacht keine Erlaubnis, schlafen zu dürfen.
Doch auch das konnte keine Schmerzen mehr bereiten. Gefühllos und geistig erlahmt nahm man diese Strafen wahr. Beim Vernehmungsoffizier dagegen zu protestieren, wäre vergebene Mühe gewesen.

Die Kellerzelle war ein kleines, fensterloses Loch, in dem man gerade so Platz fand. Sie war als schlimmste Arrestzelle gedacht. Sie war feucht, roch muffig. Ich hatte ständig Angst, dass größeres Ungeziefer sich meiner bemächtigte.
Als ich das erste Mal da unten auf dem Steinboden saß, stand Überleben noch an erster Stelle. Hatte mich doch der Krieg verschont, die letzten Kriegswochen im Keller mir Schutz gebracht. Nun hatte mich ein Keller wieder und den wollte ich

auch überleben. Ich überlegte eine Bewältigungsstrategie, dachte nur an schöne Dinge und ging mit diesen Gedanken nicht in Schmutz und Isolation unter.
Jetzt, im Winter 1946 hatte sogar diese Kellerzelle an Bedeutung verloren. Bekam ich sie, ertrug ich sie ohne zu leiden.

Besonders gern bestrafte Sonja. Sie konnte uns Deutsche nicht leiden.
Rita war klein, dicklich und faul. Sie wollte am liebsten ihre Ruhe haben. Manchmal sah sie durch den Spion und sah uns schlafen aber ging einfach weiter zur nächsten Zelle. Damit hatte sie ihren Rundgang gemacht und genoss ihre verdiente Pause.

Am Wochenende fanden regelmäßig Zellendurchsuchungen statt. Wir hatten auf den Gang zu treten, natürlich mit dem Gesicht zur Wand. Der Djeschurni und der jeweilige Etagenposten durchsuchten jeden Winkel der Zelle. Sie suchten am Fenster, am Barascha, unter den Strohsäcken und zwischen der Heizung. Selbst an der Glühbirne machten sie sich zu schaffen.
Sie nahmen alles weg, was wir uns so mühevoll besorgt hatten. Unsere Reichtümer waren Glassplitter, Papier, Kammzinken, kleine Läppchen. Jedes hatte seine Verwendung.
Mit dem Glas schliffen wir die Nägel, aus dem Papier machten wir kleine Röllchen. Diese wurden in die Haare gewickelt und es entstanden nach und nach krause Locken.
Die kleinen Läppchen aus Sackresten oder was wir Textiles fanden, war von größter Wichtigkeit, besonders für Gerda und Marianne, die ihre Mensis noch bekamen.

Im täglichen Leben in der Freiheit ist das nicht nachvollziehbar, es sind Belanglosigkeiten. Für uns waren diese Dinge von großem Belang.
Für jedes gefundene Teil erhielten wir eine extra Strafe. Aber auch die nahmen wir gelassen hin und bei der nächsten Gelegenheit, verschafften wir uns die Sachen neu.
Eine Beschwerde beim Offizier war zwecklos:
„Wenn Sie die Wahrheit sagen, können Sie nach Hause gehen.“

Marianne, Gerda und ich hatten Glück. Wir konnten sehr lange gemeinsam in der Zelle bleiben. In anderen Zellen wechselte die Belegung häufig.
Gelegentlich kam auch eine „Neue“ zu uns herein, die aber nach wenigen Tagen wieder ausquartiert wurde. Sie erhielt eine extra Portion Essen, wurde nicht zum Verhör geholt und machte keinen vertrauenswürdigen Eindruck. Unsere unguten Gefühle bestätigten sich später. Es waren Zellenspione. Alles, was oben erzählt wurde, landete unten beim Offizier. Ich habe ihnen vergeben; denn sie wurden zu dieser Bespitzelung gezwungen und retteten damit vielleicht auch manchmal ihr eigenes Leben.
So beherrschten wir uns fortan in unseren Gesprächen und eine „Neue“ konnte nicht mehr viel berichten.

In der NS-Zeit hatte ich einen einflussreichen Onkel. Einmal erzählte ich in der Zelle über seinen Fanatismus.
Später beim Verhör, ganz unerwartet, begann mein Oberst R. mich nach dem Onkel zu befragen und wollte mich mit dieser Verwandtschaft wieder fix und fertig machen.

„Wo hat sich Ihr Onkel versteckt?
Wie viele sowjetische Soldaten hat er umgebracht?
Wie viele Juden hat er erschossen?
War er Kommandeur in einem KZ?
Wie ist sein Name?“

Während des Krieges hatte ich auch einen Brieffreund. Persönlich habe ich ihn nicht gekannt. Er war Offizier einer SS-Panzerdivision im Osten und den nahm Oberst R. natürlich besonders übel. Weitere Verhöre beinhalteten nur dieses Thema.
„Mit einem SS-Mann hatten sie auch Kontakt?
Sie sind also doch eine Faschistin?
Hat er viele russische Frauen und Kinder ermordet?
Hat er in einem Lager Menschen umgebracht?“

Ich hatte es besonders schwer, mich von dieser längst vergangenen Verbindung reinzuwaschen.
Diese speziellen Verhöre hatte ich meiner Gesprächigkeit und unserer Zellenspionin zu verdanken.

Ganz gezielt gab es auch am Tag Verhöre. Entweder kurz vor der Mittagzeit oder zum Abendessen.
Das war wieder eine Schikane. Bei der Essenausgabe zählte der Posten die Gefangenen in der Zelle. Entsprechend den Personen, die anwesend waren, wurden auch die Portionen zugeteilt. So erhielt diejenige, die zum Verhör war, kein Essen.
Nicht selten geschah das auch in der Zelle Nr. 79. Kam man rechtzeitig zurück, wurde kameradschaftlich das Essen ge-

teilt. Im Fall, dass ein Verhör länger dauerte und die Schüsseln geholt waren, musste der Magen sich eben ohne Mahlzeit abfinden.
Aber auch diese Schikanen haben nicht mehr wehgetan.

Abgesehen von meiner allerersten Befragung durch Major S. wurde nicht ein einziges Verhör, dessen ich mich erinnere, sachlich und ordentlich und der Anklage entsprechend dienend geführt.
Insbesondere aber war Oberst R. ein Experte. Ein Meister in seinem Fach. Sein Sarkasmus fand keine Grenze. Sein Verhalten mir gegenüber wurde immer unerträglicher. Seine Grobheiten waren kaum noch zu ertragen.
Er brüllte seine Fragen heraus, die Dolmetscherin übersetzte im gleichen Tonfall. Nur ich versuchte, gefasst zu bleiben. Nicht ein einziges Mal hat er meiner Verteidigung Gehör geschenkt.
Wenn er handgreiflich wurde, musste ich mich sehr beherrschen. Ich war dann fest entschlossen, das alles nicht mehr ertragen zu wollen und entgegen meiner Art flehte ich den Oberst R. an:
„*Ich habe nichts getan. Bitte machen Sie ein Ende, ich will nicht mehr.*“
Seine Antwort war darauf:
„*Sagen Sie die Wahrheit und ich entscheide das Ende. Ich entscheide ob Sie nicht mehr wollen.*“

Immer wieder ging es um FJW Kelly, um Privates und Dienstliches, um die Spionage, um unsere Kontakte zu Freunden und Bekannten. Kellys‘ Aufenthalt in Leipzig und seinen Auftrag. Seine Dienstzeiten, sein Auto, seine finanziellen Mittel und wie er diese gebrauchte, seine Einkäufe und sein Friseur, sein Liebesleben und wo er die Nacht verbrachte.

Viele dieser Fragen hätte ich ihm ohnehin nicht beantworten können. Was mir bekannt war, hätte ich ihm auch nicht sagen wollen. Für Frank hätte es eine weitere Belastung bedeutet.
Die Treffen mit den amerikanischen und auch russischen Militärs wollte ich auf gar keinem Fall erwähnen; denn das hätte auch mir Ärger gebracht.
Das ging mich nichts an. Darüber zu sprechen oder nicht, lag in Franks Ermessen.
Die Hauptsache war, dass ich in meinen Antworten nichts durcheinander brachte.

Oberst R. drehte und wendete die Befragung in einer Schnelligkeit, dass ich oft nicht mehr aufmerksam zuhören konnte. Nicht mehr folgen konnte. Dann glaubte er, mit seiner Taktik nachhelfen zu müssen. Nicht selten erschien er mir dann wie der Teufel in Person.
Er blieb nicht etwa am Schreibtisch sitzen. Er lief im Zimmer auf und ab, stand vor mir, stand hinter mir und machte mich nervös. Er rüttelte am Stuhl und meine wenigen Kilo mitsamt dem Stuhl konnten gegen seine Manneskraft nicht standhalten.

Dieser Oberst hat sich mir für ewig eingeprägt, sein Gesicht, seine Mimik, seine Unmenschlichkeit. Und doch ist mir sein Name entfallen. Wohl auch darum, weil Menschen Namen tragen. Er war kein Mensch, er war ein Scheusal und bleibt mir in meiner Erinnerung als solches ewig erhalten.

„Wo haben Sie mit Kelly gearbeitet?
Wann und mit wem haben Sie gearbeitet?
Haben Sie nur für England gearbeitet?
Hat Kelly Ihnen Geld gegeben?
Lieben Sie diesen Kelly?
Haben Sie und wo haben Sie mit ihm geschlafen?
Beschreiben Sie mir ein russisches Flugzeug?
Wie oft waren sie in Falkenberg?"

Noch hatte die Dolmetscherin nicht fertig übersetzt, hatten schon meine Antworten zu kommen.
Die ständigen Anschuldigungen und Vorhaltungen, protokollierte Beweise mit erfundenen Zeugen, irritierten mich im Laufe der Zeit mehr und mehr. Solche Verhöre zielten darauf ab, mich zu brechen und geständig zu machen.
Nach einem extrem abartigen Verhör war ich mir selbst nicht mehr klar, ob ich nun eine Spionin war oder nicht.
Wie oft sagte die innere Stimme: Mach Schluss, beende die Tortur, erzähle über Frank, vielleicht kann sich Oberst R. etwas daraus entnehmen.

Wie oft dachte ich über meine Freundschaft zu Frank immer wieder nach.
War sein Aufenthalt, seine Tätigkeit in Leipzig nicht doch suspekt?
Gehörte er vielleicht zu einem Spionagering und sollte ich auch einmal dazu gehören?

Was hatte er in Bad Liebenwerda gewollt?
Wer war der Fremde im Auto? War er ein Deutscher? Was war in dem Koffer?

Ich ging die Tage, die ich mit Frank unterwegs gewesen war, wieder und wieder durch.
Wo trafen wir uns? Wen trafen wir? Worüber sprachen wir?
Einige Bekannte nur hatte mir Frank vorgestellt. Wie lange und wo waren sie mit uns zusammen?
Wo lebte Frank in Leipzig und wo verbrachte er überhaupt die Nächte? Warum hatte ich nicht einmal danach gefragt?
Warum wusste ich von allen diesen Dingen nichts?

Wer waren diese GIs, mit denen wir von Zeit zu Zeit im Lokal aber auch manchmal im Park zusammentrafen. Wer wohnte in den Häusern, in denen Frank schnell einen Besuch machte.
Es geschah doch alles öffentlich und nicht geheim.
Wer waren die sowjetischen Offiziere, die wohl auch zu seinem Bekanntenkreis gehörten?

Aber wenn Frank etwas mit mir geplant hätte, nicht ein einziges Mal war das zwischen uns ein Thema. Nicht einer einzigen Andeutung daran konnte ich mich erinnern.
Wenn Frank ein Spion war, wurde ich ohne Wissen in seinen Spionagefall mit verwickelt.
Spionagefall ?
Wie erschreckend normal nahm ich das furchtbare Wort jetzt schon selbst in mein Vokabular auf.

Ich sagte mich immer öfter von einem Leben außerhalb des Gefängnisses los. Ich verlor alle Vorstellungen, wie es da draußen sein könnte. Ich wollte es auch gar nicht mehr wissen. Ich nahm jetzt selbst mit mir eine bedenkliche Weichenstellung vor.
Oberst R. hatte bald sein Ziel erreicht.

Denken und Handeln waren nur auf 2 x 4 Meter fixiert. Meine Zelle war Rückzug und Sicherheit zugleich. Hier drin war mein Leben oder: Hier hatte ich das Ende meiner gelebten 19 Jahre zu erwarten. Und Gerda und Marianne gehörten dazu.
Einmal legte ich mich die ganze Nacht mit nacktem Oberkörper auf den Betonboden, um eine Lungenentzündung zu bekommen. Ein Aufenthalt im Hospital hätte zusätzlich etwas Essen gebracht. Infolge der vielen kalten Duschen war ich wohl zu abgehärtet und bekam nicht einmal einen Schnupfen.

Draußen war es jetzt richtig kalt geworden. Das machte sich auch in der Zelle bemerkbar.
Meine wunderschöne Linde hatte sich mit Raureif zugedeckt und wartete auf weißen wunderschönen Schnee.
Wenn ich die Bretter auseinander schieben wollte, musste ich das Fenster kippen. Gerda und Marianne waren wegen der Kälte von draußen davon nicht begeistert. Zudem waren die Bretter angefroren und ich konnte sie nur schwer bewegen. Also blieben Konflikte mit meinen Frauen nicht aus und ich musste meinen Dialog mit meinem Herrgott und mit meinem Lindenbaum sehr kurz halten.

Da wir nur die Pferdedecken zum Wärmen hatten und die Heizung nur schwach arbeiten konnte, blieben die Zellen kalt. Nur zur Vernehmung konnte man sich etwas aufwärmen. Dafür nahm man sogar anderes Unbehagen in Kauf.
Einmal, zurück vom Verhör, bekam ich auch von der dicken Rita einen Topf richtigen heißen Tee aus ihrer alten Kanne. Seitdem mochte ich sie gern.

Es war Weihnachten 1946 und es war ein normaler Arbeitstag. In verschiedenen Zellen versuchte man, ein Weihnachtslied anzustimmen. Aber solche Sentimentalität durfte gar nicht erst aufkommen und wurde von dem Posten schnell unterbunden. Wir haben nur geweint und die Feiertage herrschte in unserer Zelle eine sehr traurige Stimmung.
Mit fiktiven Geschenken und Überraschungen erhellten wir ein bisschen die traurige Atmosphäre. Wir mussten mit diesen Tagen zurechtkommen und die Gedanken an vergangene Festzeiten, die natürlich aufkommen wollten, waren besser weggedacht.

Zum Jahreswechsel wiederholte sich alles. Wir waren froh, als die Tage vorbei waren. Wir hofften nur noch auf Erlösung, aus diesem Haus herauszukommen.
Welches Ende für mich auch gedacht war, ich akzeptierte alles.
Ein Tribunal, einen Transport in ein Lager. Das zu erwartende Urteil, ob 15 oder 25 Jahre, war überhaupt nicht mehr wichtig.
Im Lager ist man frei. Man kann den Himmel sehen, Luft holen und das Wetter fühlen.

Ich weiß auch nicht, warum ich immer wieder meine Unschuld beteuerte.

Wenn wir den Barascha zum Fenster brachten, hinauf stiegen und die Holzverschalung etwas weiter auseinander schoben, konnten wir einen Blick in den Hof riskieren. Ein etwas größerer Schlitz erlaubte dann, einen kleinen Winkel einzusehen. Wenn die Gefangenen ihre Runden drehten konnten wir sie für einen Moment erkennen.
Natürlich durfte kein Posten auf dem Zellengang zu hören sein. Eine von uns musste sich vor den Türspion stellen und lauschen, ob Schritte sich nähern.

Alte und junge Männer drehten ihre Runden und zahlreiche Jugendliche. Man konnte meinen, dass es sich um Kinder handeln würde. Sie sahen elend und abgemagert aus, mit geschorenen und übergroßen runden, unbedeckten Köpfen.
Die Kleidung hing lumpig an den Körpern. Ordentliches Schuhwerk war selten zu sehen. Sie trugen Latschen in nicht passender Größe, die sie vielleicht von Kameraden, die sie nicht mehr brauchten, übernommen hatten.
Und es war ein strenger kalter Winter da draußen.
Einige Male sah Gerda ihren Professor, er lief ganz allein seine Runden und hatte wohl mit dem Leben schon abgeschlossen. Er tat uns allen schrecklich leid.
Man war ja selbst am Ende aber das Mitgefühl mit anderen, insbesondere mit gebrochenen und hilfebedürftigen Menschen, konnte man nicht abstellen.
Mir war es nicht vergönnt, Frank zu sehen. Ob er mich gesehen hat? In seinem Buch hat Frank darüber nichts geschrieben.

Noch hörte ich ihn gelegentlich pfeifen.Aber auch ihn musste die Energie verlassen haben. Auch er döste wahrscheinlich, nur noch auf ein Urteil wartend, vor sich hin

Uns Frauen hatte man die Haare gelassen. Aber sie sahen ungepflegt und ungekämmt aus mit diesen krausen Locken. Auch wenn man mehrere Monate die gleiche Kleidung Tag und Nacht am Leib hat, muss alles erbärmlich ausgesehen haben.

Vielleicht war uns damals der Geruchsnerv abhanden gekommen; denn ohne gründliche Wäsche werden wir entsprechend gerochen haben. Wie konnten die Offiziere diesen Anblick und Geruch eigentlich ertragen? Die Zähne konnten wir uns ebenfalls nicht putzen und Mundgeruch war sicher auch nicht zu vermeiden.

Mein Pulli löste sich auf. Ich trug nur noch Rock und Jacke. Dazu einen Slip, der auch nach monatelanger Benutzung nicht mehr als solcher zu erkennen war.

Zu Beginn der Inhaftnahme in Potsdam bekam ich meinen Kopf mit einem stark brennenden Mittel eingerieben. Da musste sich das Ungeziefer samt der Nisse wohl geflüchtet haben.

Ebenso wurden mein Körper mit gesamter Kleidung besprüht. So war ich diese Plage wenigstens los. Ungeziefer hatten wir alle nicht mehr. Mit den anderen Gefangenen verfuhr man in der gleichen Weise. Die Zellen und besonders die Gefangenen, die ständig in Kontakt mit Offizieren und Dolmetschern, waren frei von Laus und Floh.

Diese Prozedur wurde gelegentlich auch wiederholt und so entehrend sie war, im Prinzip waren wir dafür dankbar.

Der Wunsch oder die Vorstellung, behaglich seinen Kopf in die Hände eines Friseurs zu geben, hatten wir zu der Zeit längst vergessen.
Die täglichen Speisen regten oft zu übernatürlicher Darmtätigkeit an oder auch zu gar keiner. Der Magen war krank. Für eine so relativ geringfügige Krankheit konnte man natürlich keine medizinische Versorgung erwarten.
Nur in einer lebensbedrohenden Situation kam man in das Hospital.
Noch wollte der NKWD die „Wahrheit" wissen.

Das Viertel warmen Brotes, das wir morgens bekamen, habe ich am Anfang meiner Haft sofort verschlungen. Mit der Zeit lernte ich, mich zu beherrschen. So aß ich zuerst die Kruste. Der warme Teig wurde in kleine Kügelchen geformt und später am Nachmittag nach und nach genüsslich verspeist.
Alle sechs bis acht Wochen wechselte auch die Speisenfolge.
In einer Pferdebrühe lagen grüne Tomaten oder Kraut mit Sago oder manchmal auch mit wenigen, schon angefaulten Kartoffeln.
Abends gab es ab und zu eine Kelle mit im Wasser gekochten Kaschabrei, der weder gewürzt noch sonst abgeschmeckt war. Die Regel war eine Schüssel Tee.
In dem ¼ l Tee am nächsten Morgen konnte man stets auch die Speise vom Vortag erkennen. Die Essennäpfe wurden offensichtlich nicht gespült.
Aber aller Ekel war vergangen, auch der vor einer verbeulten und verdreckten Blechschüssel.
Man war froh, noch Essen und Trinken zu bekommen. Man wusste, dass Deutschland hungerte und die große ruhmreiche

Sowjetunion auch nicht im Überfluss lebte. Aber die Menschen draußen konnten improvisieren und den Magen füllen. Zu Hause war ich immer satt geworden.

Im Tee konnten wir täglich einen weißgrauen Bodensatz feststellen, der als ein Zusatz gegen unerwünschte Erregbarkeit im Sexualbereich für die Gefangenen beigegeben wurde.
Für mich war auch das ein Novum. Sexualkunde im Elternhaus gehörte nicht zu meiner Pflichtlektion. Aufgeklärt hat man damals noch sehr wenig.
Den heute als normal verstandenen Wissenshunger, befriedigten wir Mädchen damals heimlich aus dem häuslichen Bücherschrank.
Ich war nicht ohne Erfahrung im Sexualgeschehen. Aber auch Gerda musste mich erst über Mariannes gelegentliche „Weltabgeschiedenheit“ aufklären. Ihre Zeit, die wir auch tolerierten.

Dem Offizier stand es zu, die Mahlzeiten dem Gefangenen zu verwehren. Das erlebte ich nicht nur einmal.
„Wenn Sie uns weiter mit der Wahrheit warten lassen, werden wir Ihnen so lange nichts zu essen geben, dann werden Sie krank und wir werden Ihnen nicht helfen.“

Und für mehrere Tage verwehrte Oberst R. mir das Essen. Aber Marianne und Gerda standen mir bei und wir drei teilten uns in die mageren Portionen.
Am russischen „Väterchen-Frost-Tag“ erhielt jede von uns ein ganzes warmes Brot. Jede Zelle auf unserem Gang wurde geöffnet, also bekamen es alle Frauen.

Eine Besonderheit war, dass sich im Gefängnis das Gehör effektiv dem Geschehen vor der Zelle anpasste. Geräusche, wie das Aufschließen der kleinen Tür zum Vernehmungstrakt, welche Zellentür auf den einzelnen Etagen geöffnet wurde, konnte man exakt wahrnehmen und mit der Zeit sich gut einprägen. So konnten wir jetzt feststellen, dass man in den Männeretagen nicht überall aufschloss und beim Brot verteilen einige Zellen überging. Das tat uns auch sehr leid.
Aber wie es eben unter Häftlingen ist, in der Gemeinschaft wird Kameradschaft eingehalten. Die Zelle nebenan ist nur nebenan und da wird die Kameradschaft schon nicht mehr so in die Pflicht genommen.
Im Grunde ist man nur noch auf sich selbst bedacht.

Da es eine zusätzliche Portion war, aßen wir diese drei Pfund warmen Teig in einem Zug auf. Wir drohten danach, zu platzen und unsagbare Leibschmerzen waren zum Amüsement der Posten das Resultat.
Auch mein Oberst musste davon unterrichtet gewesen sein. Er und die Dolmetscherin sprachen die Extraportion an und meinten, dass ich so viel haben könnte, wie ich wollte, wenn ich meine Spionagetätigkeit mit Kelly zugeben würde.
Aber auch diese zusätzliche Portion zu erhalten, war für mich belanglos geworden. Bekomme ich sie, ist es gut, bekomme ich sie nicht, ist das auch egal.
Auch Hunger tat nicht mehr weh.

Auf Anweisung von Oberst R. durfte ich einmal im Gefängnistrakt arbeiten. Eine Vergünstigung, für die man in der Vernehmung Tribut zu zahlen hatte.

„Jetzt haben Sie eine Gelegenheit, uns zu danken. Sagen Sie uns die Wahrheit.“

Für mich war es eine Gelegenheit, die Umgebung, vielleicht ein anderes Gesicht oder vielleicht gar Frank zu sehen oder von ihm etwas zu hören.
Ich musste in der Küche arbeiten. Trotz Gesprächsverbot erhielt man kleine Informationen: Wer kennt wen? Warum ist man im Gefängnis? Woher kommt man? Wie lange wartet man schon auf das Tribunal. Geschichten vom Lagerleben wurden erzählt. Dass es dort nicht besser aber besser als in einer Zelle in einem Gefängnis ist.
Natürlich konnte unter diesen Gefangenen ein auf mich persönlich angesetzter Spitzel sein. Und mit Sicherheit war das wieder eine vom Oberst angeordnete Inszenierung, die ihm aber nichts gebracht hat. Leider hat die Küchenarbeit auch für mich nichts gebracht.
Er versuchte wirklich alles, um einen Beweis in der Hand zu haben, Frank und mich endlich verurteilen zu können.
Vor allem war für ihn wichtig, die für den Geheimdienst wichtigen Austauschspione zur Verfügung zu haben. Was wieder ein Beweis war, dass ein fiktives Geständnis, von mir oder vom Oberst selbst geschrieben, dem NKWD nichts gebracht hätte. Dem britischen Geheimdienst wäre ich als Spionin unbekannt gewesen, mich hätten sie nicht haben wollen.

Man darf nun nicht denken, dass es in unserer Zelle immer friedlich und beherrscht zuging.
Wir drei hatten uns auch nicht mehr viel zu sagen. Es gab Tage, da blieb es in der Zelle totenstill.

Und es gab Tage, da ging man sich auf die Nerven und kleinste Differenzen gaben Grund gereizt zu reagieren. Wir waren hochexplosiv geworden.
Stundenlang dösten wir apathisch vor uns hin und plötzlich löste ein hysterischer Anfall einer Einzelnen eine regelrechte Kettenreaktion aus.
Man verlor die Beherrschung, schrie die anderen an. Man konnte sogar handgreiflich werden. Einem nervlichen Kollaps folgte dann wieder totale Resignation.
Musste eine zu einer ungewöhnlichen Stunde den „Barascha" benutzen, wollte man kurz das Fenster kippen, hatte man Lust an der Heizung zu klopfen oder wollte man einfach mal seinen eigenen Gedanken nachgehen und Ruhe haben.
Alles das gab Anlass, cholerisch zu reagieren. Es war schon alarmierend und zeigte, dass wir am Ende waren.

Meine Zellentür (Foto Studera, 1995)

Frühjahr 1947

Im Frühjahr, mein wunderschöner Baum setzte bereits Grün an, geriet ich in einen überaus bedenklichen Zustand. Nichts war mehr, wie es einmal vor dem 13. August 1946 gewesen war.
Vater und Mutter existierten für mich nicht mehr und auch kein Zuhause. Kein Frank Kelly und keine Freunde. Es hatte alles an Belang verloren. Ich hatte keinen Lebenswillen mehr.

Bezugspersonen waren „mein" Oberst R., die Wachtposten und Gerda und Marianne.
Einen einzigen Wunsch hatte ich, aus diesem Haus erlöst zu werden. Auf welche Art auch immer, das war ohne Bedeutung. Ich spürte nicht einmal mehr was vorging. Ich wollte auch nichts mehr dagegen tun. Den Verstand zu gebrauchen, war unmöglich geworden. Ein Schalter in meinem Kopf hatte sich hochgefährlich umgelegt.
In dieser Situation passierte etwas, was ich niemals vorher für möglich gehalten hätte.
Ich griff mir ein Stückchen Fensterglas und versuchte, unter der Decke die Pulsader zu öffnen.
Gerda und Marianne bemerkten nichts.

Aber ich hatte meinen Schutzengel zur Seite oder die breite Glasscherbe war doch weniger geeignet. Ich schaffte es nicht. Heute erinnert mich nur noch eine kleine Narbe am linken Handgelenk an diesen verzweifelten Schritt.
Da ich verbunden werden musste und diese Tat dem Oberst

bekannt wurde, zeigte er nicht etwa Mitleid, sein Zynismus nahm in den Vernehmungen noch zu.

Aber auch das kümmerte mich nicht mehr, seine Kränkungen ertrug ich ungerührt, er hätte alles mit mir machen können. Er war wohl auch der Meinung, mich geschafft zu haben. Was wollte er noch von mir?

Mit Leichtigkeit hätte Oberst R. jetzt meine Akte schließen können, ich hätte ihm alles signiert.
Was wollte er wirklich noch von mir?
Er wollte die Wahrheit!
ER WOLLTE DEN BRITISCHEN SPION, LIEUTENANT FRANK JAMES WILLIAM KELLY, ROYAL ARMY MEDICAL CORPS, LONDON, ÜBERFÜHREN.

Kurze Zeit später wäre es soweit gewesen und er hätte seinen Spion leicht bekommen können. Ich war an einem der gefährlichsten Momente meiner langen Verhörzeit angelangt; ich konnte der Vernehmung mental nicht mehr folgen und meine Antworten waren unkontrollierte mechanische Reaktionen.

Ich glaube, Oberst R. war seit geraumen Verhören davon überzeugt, dass ich nicht als Spionin für England tätig war. Spionin musste ICH nicht mehr sein.
Oberst R. wollte verwertbare Details aus meiner Beziehung zu Kelly heraushören. Affären und Episoden. Menschen, Straßen und Plätze. Und sicher gab es Begebenheiten, aus denen er sich einen Spion hätte basteln und überführen können.

Ich sollte ihm assistieren, dass Lieutenant Kelly sein Angeklagter, sein Spionagefall, auch sein Spion war; denn damit würde seinem Ehrgeiz der erstrebenswerte Tribut gezollt werden.

Er hat seinen Spion bekommen. Oberst R. hat ihn sich einfach genommen und behielt Kelly bis 1953 in der Sowjetunion. Dann schickte er ihn vom Lager „Wladimir“ nach Berlin über die Glienicker Brücke und FJW Kelly konnte nach sieben Jahren Gulag sich wieder der Royal Army und seiner Einheit stellen.

Ich ahnte es nicht, aber es waren meine letzten Tage im Gefängnis.

Oberst R. war sehr häufig im Nebenraum. Keine Akte lag mehr auf dem Schreibtisch. Und doch musste ich mich mehr unten im Vernehmungsraum als oben in der Zelle aufhalten.

Ich saß auf meinem Stuhl vor dem Schreibtisch und selbst die Dolmetscherin sah ein bisschen mitleidig zur mir herüber.
Ein Bündel in Lumpen hockte da vor ihr. Ein kleiner Schubs hätte gereicht, mich vom Hocker zu werfen.
Immer wieder habe ich sie gebeten: *„Bitte, lassen Sie mich hoch in meine Zelle zu meinen Frauen gehen.*
Ich kann nicht mehr.“
Einmal noch stellte Oberst R. folgende Fragen:
„Wie geht es Ihrer Gesundheit?
Möchten Sie nach Hause gehen zu Ihren Eltern?
Oder möchten Sie, dass wir Sie in ein Lager bringen?

Könnten Sie sich auch vorstellen, der großen ruhmreichen Sowjetunion etwas Gutes zurückzugeben?
Sie würden sich in Moskau erholen, wir machen Sie gesund.
Sie arbeiten für unser Land.
Natürlich nicht in einem Lager.
Das haben Sie doch auch für England getan."

Ich verstand diese Fragen nicht und meine Antwort war:
„*Machen Sie mit mir, was Sie wollen.*"

Gerda hatte alles überstanden und ging einer sehr dunklen Zukunft entgegen. Sie wurde verurteilt zu 25 Jahren. Marianne stand vor dem Tribunal.
Was wollte der Oberst noch von mir?

Manchmal kam noch ein Spaß in der Zelle zustande. Oder wir protestierten, wenn es dem Posten mal wieder gefiel, eine von uns auf die Knie zu befördern. Aber die meiste Zeit war in der Zelle Stillschweigen. Schlafen im Sitzen, ein alles erlösender Schlaf.
Kein Wunsch, in Freiheit zu leben und keine Vorstellung, da draußen wieder Mensch zu sein, war bei mir noch vorhanden. Zu einem Bündel gepackt zu werden, hätte mich auch nicht mehr gestört. Gedankenlos vor sich hin zu dösen war der Idealzustand von früh 5 Uhr bis 22 Uhr am Abend.

Ein „Pisdolt raus",
entriss mich aus dieser Lethargie und die hässliche Gegenwart hatte mich wieder.

Immer bat ich den Oberst um ein Ende, dass er mich einfach meinem Schicksal überlassen sollte. Dass mir alles egal wäre und ich nicht mehr leben möchte.
„Sagen Sie uns die Wahrheit und wir sagen Ihnen ganz schnell, was mit Ihnen passiert.“
Aber Oberst R. hat nicht mehr geschlagen.
Irgendwann Anfang Juni 1947 habe ich Oberst R. zu einer letzten Vernehmung ein letztes Mal gesehen.

Es vergingen wieder Tage und Nächte. Eine lange Zeit schon hörte ich nicht mehr unsere Melodie. Ich nahm an, dass Frank nicht mehr im Gefängnis war.
Auch das kümmerte nicht mehr.
Frank war bestimmt schon wieder in England. Als Austauschspion hätte er noch einmal profitieren können.
Sein Land wird ihm am Ende doch noch geholfen haben, dem NKWD zu entkommen und er war jetzt frei und aller Dinge ledig.
Sollte er da noch an „keep smiling, Rosemary“, an ein schwarzes, großes, auffallendes Auto und an den Fahrer Herrn D., an Leipzig, an Bad Liebenwerda oder an Potsdam gedacht haben?
Auch das kümmerte nicht mehr.

Meinen Lindenbaum gab es noch und frisches Grün leuchtete in meine sehr müden Augen. Aber der Aufforderung nach einem Dialog mit ihm und meinem Herrgott wollte ich nicht mehr gehorchen.
Ich war jetzt 11 Monate eingesperrt, keines Vergehens schuldig und weit von einem Leben in Freiheit entfernt.

„Pisdolt raus, dawei, poschli."

Ich glaubte, zum Offizier zu kommen. Aber der Djeschurni brachte mich wieder in ein fremdes Zimmer und es packte mich ein gleiches, grauenvolles Entsetzen wie seinerzeit zur Konfrontation.
Ich fühlte es: Das Tribunal. Welches Urteil werden sie über mich sprechen? Wie viele Jahre werden sie mir geben? Wo bringen sie mich hin? Werden die Sowjets mich erschießen?

Der Raum war leer und nur der Djeschurni war mit mir zusammen. Ich konnte die Ungewissheit, auch die Angst vor dem Soldaten und was kommen könnte, nicht aushalten und verlangte nach meinem Offizier: *„Djeschurni, bitte rufen Sie nach meinen Oberst, ich möchte eine Aussage machen"*

Ich konnte später von einem unermesslichen Glück sprechen, dass er mich nicht richtig verstanden hat. Was hätte ich dem Oberst R. sagen wollen.
Der Djeschurni ignorierte meinen Wunsch mit einem: *„später"* und ein mir unbekannter Offizier betrat den Raum.
Er sprach deutsch und sah nicht unfreundlich aus.
„Warum schreien Sie, Rosemarie, was wollen Sie, Sie gehen jetzt ...

Weiter kam er nicht; denn ich unterbrach ihn und habe flehentlich gebeten:
„Bitte lassen Sie mich wieder hoch zu meinen Frauen gehen, ich möchte nicht in ein Lager. Ich möchte nicht aus diesem Gefängnis gehen.

Ich möchte bitte hier bleiben.“

Da dieser Offizier deutsch sprach und mich verstanden hat, muss er mich für irre gehalten haben.
Jedenfalls reagierte er auf meinen Ausbruch überhaupt nicht und gab dem Djeschurni nur einen Wink.
Dann ging die Tür noch einmal auf und eine große blonde Frau wurde hereingeführt.
Sie sah mich nur kurz aber sehr ernst an.
UND IN DIESEM MOMENT WAR FÜR MICH KLAR, OBWOHL ICH NICHT SCHULDIG, NUR DIE FREUNDIN VON FJW KELLY, ERST 19 JAHRE ALT WAR: JETZT WAR ALLES ZU ENDE.

Der Offizier legte mir ein Protokoll vor und gebot mir, zu unterschreiben. Ich hatte keine Ahnung was ich da unterschreiben sollte aber ich tat es.
„Was gesehen was gehört – vergessen, sonst morgen wieder hier!“

Alles hatte für mich keine Bedeutung, ich empfand nichts, hörte nichts und ich war nicht mehr in der Lage zu sprechen.
Dann öffnete er eine Tür und gestikulierte mich und die blonde Frau nach draußen und wir standen innerhalb eines Bretterzauns auf der Straße.
Ein letztes Mal brüllte mich ein sowjetischer Wachtposten an: *„Dawei, poschli. Venn i Pisdolt“*, und jagte uns mit einem Tritt und einem kräftigen Fluch davon.

Draußen auf der Straße nahm die blonde Frau mich in die Arme und fragte: „Bist du Rosemarie?

Ich bin Johanna, eine Holländerin, und ich glaube, wir sind frei und gehen jetzt nach Hause. Und ich werde dir viel zu erklären haben."

Ich fühlte mich nicht frei und wollte nichts erklärt haben. Ich hatte nur den einen Wunsch, wieder zu Gerda und Marianne zu gehen.

Potsdam, Lindenstraße, und der Weg nach Hause

Am 21. Juni 1947 wurden Johanna v. V. und ich vom NKWD, dem Geheimdienst der UdSSR entlassen.
Mit einem Fußtritt und „*Dawai, poschli!*“,auf die Straße gestellt, ohne Papiere, ohne Geld und in einen menschenunwürdigen Aussehen..
Das Gehen fiel schwer und der Kreislauf drohte zu versagen.
Ich hatte nur einen Rock und eine Jacke an, die Schuhe waren kaputt, Unterwäsche war nicht mehr vorhanden.
Zwei jammervolle und sehr suspekte Erscheinungen für die Menschen auf der Straße.
Aber irgendwie erreichten wir Berlin und fuhren ab Anhalter Bahnhof mit dem Zug nach Leipzig.
Wir erhielten Unterstützung vom Roten Kreuz.

Wir durften nicht über unsere Haft sprechen und hielten uns daran. Wir fühlten, dass wir verfolgt wurden und unter Beobachtung standen.
Johanna war älter als ich. Ihr physischer und psychischer Zustand war noch einigermaßen stabil. Ohne ihre Unterstützung hätte ich den Weg nach Hause, nach Leipzig niemals geschafft.
Zu Hause in den Armen meiner Eltern brach ich dann endgültig zusammen.

Johanna v. V.

Gemeinsam mit ihrem Verlobten war sie mit FJW Kelly in Leipzig befreundet.

Johanna war Holländerin und traf im Oktober 1946 mit meinem Vater zusammen, als beide in der Sowjetischen Kommandantur in Leipzig, Windscheidtstraße, um Auskunft nach ihren vermissten Angehörigen ersuchten.
Mit der Frage: Suchen Sie auch jemand, sprach mein Vater Johanna an. Und sie, die nach ihrem Verlobten Auskunft erbat, war dankbar, ihren Kummer mitteilen zu können.

Für beide war es eine große Überraschung; denn Johannas Verlobter gehörte auch zum Kelly-Fall.
Meine Eltern und Johanna waren glücklich, dass der Zufall sie zusammen führte und sie nun gemeinsam ihre Recherchen aufnehmen konnten.
So lernte Johanna vorerst mich und mein Schicksal aus den Erzählungen meiner Eltern kennen.

Sehr traurig für meine Eltern war, dass Johanna im November 1946 eines Tages ebenfalls verhaftet wurde. Sie nun nicht mehr für meine Eltern erreichbar war, um an den Recherchen teilzunehmen. Warum man sie, als Holländerin abgeholt hatte, war für meine Eltern unerklärlich.
Johannas Hausbewohner konnten eine Festnahme durch die sowjetische Militärpolizei bestätigen und das erklärte, dass ein Zusammenhang mit dem Kelly-Fall bestand.

Aber wohin man Johanna gebracht haben könnte lag nach wie vor im Dunkeln.
Meine Eltern mussten sich damit abzufinden, dass sie jetzt mit ihren Recherchen auf sich allein gestellt waren.

Dass man sie des Landes verwiesen haben könnte, sie also bereits in Holland war, wäre für meine Eltern ein kleiner Lichtblick gewesen. Sie hätte von dort aus mehr Öffentlichkeit in den Ablauf des Geschehens bringen können. Vielleicht wäre von alliierter Seite Hilfe möglich gewesen.

Dass Johanna bereits im gleichen Gefängnis wie ihr Verlobter FJW Kelly und auch ihre Tochter war, konnten sich meine Eltern nicht vorstellen.

Am 22. Juni 1947, dem Tag nach meiner und Johannas Entlassung aus dem Gefängnis, konnten meine Eltern auch Johanna wieder in die Arme schließen.

Danach

Die Inhaftierung und Anklage wegen Spionage blieb für mich in allen nachfolgenden Jahren immer undurchschaubar und forderte mich permanent heraus, diesen memorablen Abschnitt in meinem Leben zu recherchieren.

Auch war es nicht nur mein großer Wunsch, es war für mich von großer Wichtigkeit, den Briten Frank James William Kelly noch einmal persönlich zu treffen, um von ihm den tatsächlichen Anlass, der zu meiner und seiner Inhaftierung geführt hat, erklärt zu bekommen.
Ohne die Wahrheit und die hintergründigen Abläufe in dieser Zeit genau zu kennen, kann ich die Anklage auf Spionage wohl für mich aber nicht für FKW Kelly widerlegen.

Meine Nachforschungen nach seinem Verbleib erforderten immens viel Ausdauer und Hartnäckigkeit, um auch negativen Korrespondenzen zu trotzen und konsequent und voller Zuversicht erneut mit einer weiteren Alternative zu beginnen.

Fünfzehn Jahre intensiver Suche über familiäre Verbindungen, zahlreiche deutsche, britische und amerikanische Institutionen und vor allem bei der britischen Armee, dem Royal Army Medical Corps, brachten endlich Erfolg. Ich kam nach 60 Jahren wieder bei FJW Kelly an und wurde doch aller Illusionen eines Wiedersehens beraubt.

Persönlicher Kontakt war nicht mehr möglich. Er verstarb 2004 in Süd-England, wenige Monate vor meiner Reise dorthin. So war es mir nur möglich, unserer tragischen Zeit im Unvergessen an seinem Grab zu gedenken.
Ein abschließendes Kapitel wird es nicht geben, da ich ohne Franks Geständnis den wahren Sachverhalt seiner damaligen Aktivitäten während des zweiten Weltkrieges und danach, auf dem Gebiet der SBZ, in Bad Liebenwerda und in Leipzig nicht in Erfahrung bringen kann.

Aber ich werde niemals glauben, dass Dummheit und Leichtsinn Frank veranlasst haben, zweimal eine sehr ernst zu nehmende sowjetische Order, sich den britischen Behörden in Berlin zu stellen, einfach zu ignorieren, zumal er seit 1944 im Deutschen Kriegsgefangenenlager Mühlberg, in dem er seit 1944 war, das Ende des Krieges gesund erleben durfte und hätte heimkehren können.
Ich werde immer daran festhalten, dass es einen politischen Auftrag für FJW Kelly, Royal Army Medical Corps, gegeben hat, von welcher Seite auch immer dieser Auftrag kam.
Er aber dafür vom NKWD verurteilt und im Lager „Wladimir" in Russland hart bestraft wurde.

Heute kann ich mit Gewissheit sagen, dass dieser gewaltige Einschnitt mein Leben geprägt hat.
Es hat niemals Schlimmeres geben können. Ich stand jeder noch so ausweglosen Situation positiv gegenüber und habe sie bewältigen können.
BEWÄLTIGEN KÖNNEN IN FREIHEIT.

Meine intensive Suche nach FJW Kelly, die Hoffnung, ihm doch noch einmal zu begegnen, hat der Aufarbeitung meiner Haftjahre unendlich viel geholfen. Auch wenn ich durch ihn in diese Situation geraten bin, ihm und seinem Verhalten habe ich das glückliche Geschick zu verdanken, nach elf Monaten aus den Händen des NKWD, des sowjetischen Geheimdienstes wieder entlassen zu werden.
ENTLASSEN IN DIE FREIHEIT.

Rosemarie Studera Petzold

Kellys Ankunft in Berlin, November 1953
(aus: „Private Kelly. By himself.“ 1954)

Erklärungen

69th Infantry Reg	69. Infantrie Regiment
Barascha	Eimergestell für die Notdurft in der Zelle
BBC	British Broadcasting Corporation Radiosender England
Bookfinding Service	Archiv
British Military Government	Britische Militärregierung
British Red Cross	Rotes Kreuz England
BSTU-Akte	Unterlagen der Staatssicherheit
BSV	Bund Stalinistisch Verfolgter
Dawei-poschli	Vorwärts
Djeschurni	Diensthabender Wachoffizier für den Gefängnistrakt
Freiheitsglocke	Zeitung der VOS
Gände zurück	Hände zurück (der Russe spricht kein „H“)
GI	Amerikanischer Soldat
GULAG	Strafgefangenenlager in Russland
Headquarter	Hauptquartier
Kaschabrei	Buchweizenbrei oder Grützebrei
KGB	Komitee für Staatssicherheit – Sowjetischer Geheimdienst
Lager Vladimir	Strafgefangenenlager in Russland 300 km nördlich von Moskau
LSR	Luftschutzraum
Lubljanka	Moskau, Gefängnis

Ministry of Defence	Verteidigungsministerium von England
NASA	National Aeronautics and Space Administration
NKWD/MGB	Volkskommissariat für Innere Angelegenheiten, Geheimdienst
Panjewagen	kleine Pferdewagen, Kutschwagen
Pay attention	Pass auf – Vorsicht – Obacht
Penfriend	Brieffreundin
PH.D.	Doctor of Philosophy
Politische Wende	Friedfertige Revolution in der Deutschen Demokratischen Republik
POW	Prisoner of War – Kriegsgefangener
Propusk	Genehmigung
Rote Armee	Sowjetisches Militär
Royal Army Medical Corps	RAMC England
Sandhurst	Militärakademie England
SBZ	Sowjetische Besatzungszone
Shaking hands	Hände schütteln – sich begrüßen
Stalag	Strafgefangenenlager (hier in Mühlberg/Elbe)
Sto-gramm	100 Gramm
UdSSR	Union der Sozialistischen Sowjetrepubliken
US-Army	Armee USA
VOS	Vereinigung Opfer Stalinismus
WW 2	Worldwar 2 – 2. Weltkrieg

Recherchen

Was gesehen, was gehört-vergessen,
sonst wieder hier!

Das war am 21. Juni 1947 eine letzte sowjetische Order von einem sowjetischen Offizier, zu einer letzten Vorführung im Gefängnis und an diese Order, festgehalten in einem Protokoll und von mir unterschrieben, habe ich mich 43 Jahre lang gehalten.

Ich wurde vom sowjetischen NKWD nicht verurteilt und ich erhielt kein Entlassungsdokument, somit fehlte jeder Nachweis über die Zeit der Inhaftierung.
Ergo waren unangenehme Fragen seitens der Behörden, bei der Wiederaufnahme des Studiums und selbst im Verwandten- und Freundeskreis keine Seltenheit.
Sie beeinträchtigten in der ersten Zeit auf unschöne Art die Wiedergewinnung meiner Lebensenergie und meines Selbstwertgefühls.
Doch mit der Unterstützung meiner Eltern ist auch das problemlos, wenn auch oftmals schmerzlich, verlaufen.

Da ich in mein Elternhaus zurückging und die Familie auch in Leipzig blieb, wurde ich DDR-Bürgerin. Über die Erlebnisse im Gefängnis, sprach ich nur einmal mit Vater und Mutter als ich am 21. Juni 1947 wieder nach Hause kam.

Ich musste mich polizeilich neu anmelden. Auf die Frage nach dem Verbleib in den vergangenen elf Monaten, konnte ich keine Auskunft geben. Das akzeptierte man. Aber es wurde mit einer entsprechenden Notiz auf dem Anmeldeformular vermerkt.
Auch das hinterließ bei der Behörde keinen guten Eindruck.

Heute bin ich sicher, dass der sowjetische Geheimdienst im Lauf der Zeit die Staatssicherheit zu dem Fall informierte. Indes, weder in meiner BStU-Akte noch in einem polizeilichen Führungszeugnis ist dieses Haftjahr vermerkt.

1947 unternahm ich sehr geheim und überaus vorsichtig einen ersten Versuch, etwas mehr zu Frank James William Kelly in London in Erfahrung zu bringen.
Frank hatte mir mittels Kassiber eine Adresse zukommen lassen. Diese konnte ich gut in meinem Gedächtnis festhalten.
Mit Unterstützung der Holländerin, Johanna v. V., konnte ich einen Brief an die Adresse:
Mrs. Kemps, 81 Waghorn Rd. Kenton, Middlesex, von Westberlin aus übermitteln lassen und erhielt auch Antwort von Mrs. u. Mr. Kemps.
Aber dieser Brief war wenig zufriedenstellend. Erst viele Jahre später klärte sich das Kemp'sche Desinteresse am Schicksal von Frank JW Kelly auf.

Mit Johannas Unterstützung wagte ich auch selbst einmal den Weg nach Westberlin und meldete mich beim British Military Government mit der ausdrücklichen Bitte, mich und meine Aussagen zu schützen.

Ich erzählte den gesamten Hergang unserer Inhaftierung und erlaubte mir, Kellys' alliierten Status anzusprechen.
Vor allem wollte ich aber erreichen, dass jetzt etwas für Kelly getan werden konnte, wenn er vielleicht noch in sowjetischer Haft und in Schwierigkeiten wäre.
Mein Vater hatte 1946 auf der Suche nach mir und FJW Kelly dort ebenfalls vorgesprochen.
Die britischen Behörden waren somit über den Fall von Beginn an informiert.
Man ging sehr auf Distanz und meine Fragen blieben ungenügend beantwortet.
Meine vorzeitige Entlassung muss dem Military Government suspekt erschienen sein. Der Verdacht lag nahe, mit meinem Besuch einem Auftrag des NKWD nachzukommen..

SCHON DAMALS HATTE ICH EIN UNGUTES GEFÜHL UND WAR MIR SICHER, DASS DER GANZE FALL EINEN SEHR BRISANTEN HINTERGRUND HABEN MUSSTE. ABER AUCH DAS KLÄRTE SICH VIELE JAHRE SPÄTER ERST AUF.

Meine Haftzeit blieb weiterhin ein Tabu. Damals erkannte ich nicht, dass dieses „Vergessen auf sofort“ der Psyche einen irreparablen Schaden versetzen würde.
Ängste und Albträume, unkonventionelles Verhalten, das man aber selbst nicht als solches erkennen kann, waren die Folge.
Ich brauchte stets eine geöffnete Tür, eine freie Sicht durch ein Fenster und immer einen Fluchtweg im Blickwinkel. Ich konnte keine Einengung in der Masse Mensch ertragen und einige ungewöhnliche Extras mehr. Ich reagierte auf körper-

liche Berührung hoch sensibel und meine Aversion, gegen auch gut gemeinten Kontakt, war teilweise für andere verletzend.
Noch heute nach vergangenen 63 Jahren sind diese Symptome vorhanden und es bedarf oftmals großer Überwindung, diese zu überspielen.

Mit der mir in der Haft auferlegten Unterdrückung und Demütigung, der Vergewaltigung meiner Gefühle und inneren Werte, aber auch einer mir selbst anerzogenen Disziplin, war ein harter Kern gewachsen. So dulde ich keine Befehle, keine Zurechtweisung und selten einen Widerspruch.
ICH KANN VERLETZEN, WEIL ICH SELBST SEHR VERLETZBAR BIN.

Ich hatte mich im Gefängnis verändert und der Übergang in die Normalität, mit der Bewältigung dieser Haft-Traumata, hätte einer psychologischen Betreuung bedurft.

1990 nach der politischen Wende in der ehemaligen Deutschen Demokratischen Republik, konnte ich endlich und offiziell mit der Aufarbeitung des Haftgeschehens beginnen und die dafür erforderlichen intensiven Nachforschungen betreiben.

Ich wurde Mitglied der „Vereinigung Opfer des Stalinismus“ VOS und „Bund der stalinistisch Verfolgten“ BSV, kam in Kontakt mit ehemaligen Häftlingen und deren Schicksal und traf auch einen ehemaligen Mithäftling von FJW Kelly.
Klaus Schmidt, war im Bundesvorstand der VOS, und hat

mehrere Wochen mit FJW Kelly zusammen in einer Zelle in Potsdam verbracht. Ich konnte viel für mich Wissenswertes in Erfahrung bringen.
Frank war zweimal Suizid gefährdet, wurde wie jeder andere Häftling schwer misshandelt und oftmals übel zugerichtet in die Zelle zurück gebracht.
Es war ihm aber auch erlaubt zu lesen und ab und zu erhielt er eine alte Zeitung.
Einen alliierten Status und Anerkennung als Brite und Angehöriger der Royal Army, gestand man ihm nicht zu.

1991 begann ich an der ersten Dokumentation zu meiner Haftzeit zu schreiben, beantragte bei der deutschen Behörde meine Rehabilitierung und die mir zustehende Kapitalentschädigung.

1993 erhielt ich auf Antrag auch von Moskau meine Rehabilitierung.
Es wurde mir bestätigt, dass ich zu Unrecht vom 13. August 1946 bis 21. Juni 1947 vom sowjetischen Geheimdienst inhaftiert war.
Ich erhielt auch einige Kopien aus meiner sowjetischen Akte. (Dokumente sind vorhanden)

Meine ebenfalls erbetene Auskunft nach der Akte und dem Schicksal von FJW Kelly, blieb leider unbeantwortet.

Ich fragte beim Journal „Stern" nach einem alten Artikel über Frau Erika Räder, Gattin des Großadmirals Räder aus der NS-Zeit. Für einige Monate lag ich mit ihr in der Zelle zusammen.

1950 nach ihrer Entlassung aus Sachsenhausen hatte sie über ihre Haftzeit geschrieben.
Da ich nach ehemaligen Mithäftlingen suchte, hoffte ich, mit diesem Artikel erfolgreich zu sein. Leider war nur noch ein Foto mit einem kleinen Untertitel vorhanden.
Frau Räder ist aber vielen ehemaligen Frauen vom Lager Sachsenhausen bis heute in Erinnerung geblieben.

Anlässlich meiner englischen Konversationskurse traf ich dort mit einem Engländer zusammen.
Mr. George Baurley, Dessau.
Er lebte schon viele Jahre in Deutschland und hatte noch beste Verbindungen nach England.
Er konnte mir, was meine Recherchen nach Frank JW Kelly betrafen, interessante Kontakte vermitteln.
Mit Georges' Mitwirkung übersetzten wir zunächst meine erste Dokumentation korrekt ins Englische. Mit diesem Tatsachenbericht wollte ich meine Erkundungen auch zuerst in London angehen.

Die alte Adresse von Mrs Kemps verbunden mit einer Suchanzeige nach Francis James William Kelly, brachte ich mittels Inserat in den Londoner „Observer" unter. Sofort erhielt ich eine Antwort von zwei englischen Damen.
Mrs Irene Fordred aus Witney und Mrs Pamela Devonshire aus Swindon waren Töchter der Mrs Kemps.
Irenes und Pamelas Schwester Grace war mit Frank zur Zeit des zweiten Weltkrieges liiert. Als er 1944 England in Richtung Arnheim als Fallschirmjäger und Sanitäter des Royal Army Medical Corps verließ, hatte er die Familie

Kemps gebeten, bei der Army ihre Adresse hinterlassen zu dürfen.
Mittels Kassiber übermittelte Frank mir auch diese Adresse. Ich schickte sofort meinen englischen Bericht. In einem nachfolgenden regen Briefwechsel kam ich viele Schritte voran. Wir mochten uns von Beginn an und Irene sagte mir einmal, dass sie 1947 von meinem Brief an ihre Eltern gewusst und mich gern als „penfriend“ gewollt habe, aber die Eltern es ihr untersagt hätten. So also kamen wir erst im hohen Alter in Kontakt und dieser hält bis heute an.

2004 machte ich einen ersten persönlichen Besuch bei Irene in Witney.

1991 anlässlich der Torgauer Reunion traf ich Dr. Delbert Philpott, Sunnyvale, CA USA.
Er war einer der drei GIs „shaking hands“ mit sowjetischen Soldaten auf der zerstörten Elbe-Brücke bei Torgau.
In den folgenden Jahren bauten wir eine herzliche Beziehung zueinander auf, besuchten uns regelmäßig. Diese innige Freundschaft hielt bis zu seinem Tod im Januar 2007 an.
Ich war längere Zeit bei Delbert und Donna in Sunnyvale, CA.
Im Rahmen meiner Möglichkeiten war ich an der Recherche zum ehemaligen deutschen Kampf-und Vormarschgebiet der 68er USA-Division für sein Buch „Hands across the Elbe-Bridge“ beteiligt.
Er blieb mir, was FJW Kelly, betraf immer ein hoch geschätzter Berater und Vertrauter. Er suchte mit und bürgte mit seinem Namen und Titel PH.D. und seiner NASA Professur für

meine Anfragen und Gesuche bei den britischen Behörden, insbesondere beim „Ministry of Defence“ und „Royal Army Medical Corps“.
Der ganze Kelly-Fall hatte so viel an Ungereimtheiten und Widersprüchen. Aufgrund der militärischen Verschwiegenheit hätte ich ohne Delberts‘ Zutun rein gar nichts erreichen können.
Ich bin ihm dafür unendlich dankbar.

Meine Nachforschungen machten mich rast-und ruhelos. Die beharrliche Auseinandersetzung mit meiner Vergangenheit wurde zur Manie.
Eine ständige Unruhe, etwas übersehen, nicht angesprochen oder eine Korrespondenz falsch verstanden zu haben, war permanent zugegen. Ich bemühte mich eifrigst um eine korrekte Vorgehensweise an der damals noch elektrischen Schreibmaschine. Meine Kenntnis der englischen Sprache war eine immens große Erleichterung im Schriftverkehr.
Ich musste Frank finden und wollte nichts unversucht lassen, dieses auch zu erreichen.

Mit einer der ersten Postsendungen von Irene erhielt ich ein Buch: „Private Kelly by himself“. Ich durfte dieses Buch behalten und für meine Nachforschungen verwenden.
Frank schrieb es 1954 nach seiner Entlassung aus dem sowjetischen Strafgefangenenlager „Vladimir“ und der Rückkehr nach England. Er übergab seiner ehemaligen Freundin Grace Kemps ein Exemplar mit Widmung und einem privaten Foto dieser Zeit.

Das war 1954 Franks letzter Besuch bei Grace und sein letztes Lebenszeichen für die Familie Kemps.

Mit diesem Buch erhielt ich erstmals Einblick in sein Leben, in die Zeit als Sanitäter und Fallschirmjäger bei dem R.A.M.C.
Er berichtet über seine deutsche Gefangenschaft bei Arnheim 1944 und seinen Aufenthalt als POW in Lamsdorf, in Limberg/Lahm und Mühlberg, über die Befreiung von dort im April 1945 durch die Rote Armee.
Und ich erfuhr von seinem ominösen Aufenthalt danach in Lausitz und in Leipzig.

Er erwähnt auch meinen Namen im Buch und unsere Gefangennahme in Bad Liebenwerda.
Unsere schreckliche Konfrontation während eines makaberen Verhörs in Potsdam sprach er nicht an. Dagegen war ihm unsere unverhoffte und von den Wachposten ungewollte Begegnung im Gefängnistrakt noch gegenwärtig.
Unser beider, getrenntes Empfinden in dieser Situation hat einen traurigen Gleichklang.

Über seine Verurteilung, seine furchtbaren Erlebnisse im Lager Vladimir in Russland, über seine Entlassung 1953 im November und die Übergabe an die britischen Behörden in Berlin, wurde ich nun endlich mit diesem Buch informiert.

Sollten wirklich Dummheit und Leichtsinn diesen achtjährigen tragischen Umweg verursacht haben, bis Frank endlich, nun in einem Rollstuhl, sich den britischen Behörden in Berlin stellen konnte?

Irene und Pamela gaben mir auch einen Hinweis auf eine Sendung der BBC vom 16.03.93 von „John Dunn.“
Ein Autor namens „Nigel Cawthorne“ hatte ein Buch über vermisste Alliierte in Russland geschrieben. Er berichtet darin auch über FJW Kelly, als einzig bekannten Verschleppten, der den GULAG überlebte und nach England zurückkehrte. Nach einer Bestellung beim „Bookfinding Service“ in London erhielt ich das Buch: „The Iron Cage“ und wusste wieder etwas mehr.
Ich versuchte auch über den Verlag einen Kontakt zum Autor herzustellen, um weitere Informationen zu den von ihm im Buch genannten Personen zu bekommen.
Es war leider nicht möglich.

Auf eine Suchanzeige in der „Freiheitsglocke“ nach alten Haftkameraden und nach FJW Kelly erhielt ich Post von Rudolf und Klaus Schmidt, Horst Buchenberg, Gerhard Falke, Dr. Reese und Mrs und Mr Parlau aus Australien. Einige kannten Kelly aus der Haftzeit. Einige hatten Ideen und Vorschläge, was für meine Suche nach Frank noch zu einem Erfolg führen könnte.

Ich erhielt Bücher und Zeitschriften und konnte mich in die gesamte Thematik exzellent einlesen.
Überhaupt waren es oft private Personen, die mir bei meiner Suche in irgendeiner Form von Nutzen gewesen sind.
Jede kleine Notiz, jeder Briefwechsel, ergab einen Schritt nach vorn oder ein Hinweis führte zu einem interessanten neuen Anhaltspunkt. Bis auf wenige Briefe ist diese gesamte Korrespondenz erhalten geblieben und nachlesbar.

1995, 1996	Horst Köhler, Köhler Internationals, Stanford, CT USA
1996	Charles Dukes, Berlin
1998, 2000	Horst Fass, Associated Press, Editor for Europe, London
2000	Rudolf Parlau, Blaxland, Australia

Einen interessanten Kontakt nach Amerika erhielt ich von Delbert Philpott. Daraus entwickelte sich ein sehr aufschlussreicher Briefwechsel, der nicht nur meiner Sache dienlich war. Er war auch für unsere Vereinigungen VOS/BSV für Recherchen nach Vermissten oder Verstorbenen von Gewinn.
Elena Danielson, PH.D. vom Hoover Institution Archives, Stanford University.
In diesem Archiv befinden sich umfassende, weltweit verfolgte politische Schicksale. Elena war von meinen Beitrag – ich überließ ihr auch meine Dokumentation für das Archiv – enorm beeindruckt und bot mir jede mögliche Unterstützung an.
Sie bemühte sich sehr. Von ihr kam ein erster Hinweis, dass Kelly eine andere Identität bekommen haben könnte.

In „Private Kelly“ las ich auch über Lausitz bei Bad Liebenwerda, einem kleinen Dorf, wenige Kilometer entfernt von dem ehemaligen deutschen POW Camp Mühlberg.
In Lausitz traf ich auf Frau Marlies Arendt. Sie bot mir, als fast noch Zeitzeugin, ihre wertvolle Mitarbeit an. Daraus ist eine liebe Bekanntschaft geworden, die immer wieder eine kleine Neuigkeit von alten Dorfbewohnern zu Franks Aufenthalt in Lausitz parat hält.

Marlies erzählte mir, dass sich Frank nach der Befreiung des Camps in diesem Ort zunächst auf einem Heuboden mit anderen POWs versteckt hielt, um erst einmal die noch unruhige Umgebung abschätzen zu können. Sowjetische Truppen belagerten das Land und fragten nicht nach Woher und Wohin. Alles, was sich bewegte, war Feind, Faschist oder Kapitalist und wurde beschossen.

Da Frank Sanitäter war, behandelte er Verletzungen und Krankheiten der Dorfbewohner mit Penizillin, was er aus den POW Lagerbeständen noch unbemerkt hatte herausholen können.

Marlies Arendt war zu der Zeit drei Jahre alt. Sie ist sicher, dass Frank ihr das Leben gerettet hat, als sie sehr hohes Fieber bekam. Ihre Eltern hatten ihr das weitergegeben und Dorfbewohner haben es ihr auch bestätigt.

Alle nannten ihn damals „Franki“. Einigen, sehr alten Lausitzer Bürgern ist er noch in guter Erinnerung geblieben.

Marlies brachte mich mit der „Gedenkstätte“ Mühlberg in Verbindung.

Ich übersetzte für die „Iniativgruppe Lager Mühlberg“ aus dem Tagebuch des Officer, Chaplain R.G. Mc Dowall und konnte viel über die Gefangenschaft von Alliierten im 2. Weltkrieg in diesem Lager erfahren.

Amerikaner, Engländer, Franzosen, alle Alliierten, wurden außerordentlich gut behandelt, mussten sich selbst verwalten und hatten sogar Freigang.

Sowjetische Gefangene wurden isoliert gehalten und jenseits jeder humanen Vorstellung wie Vieh in Massen-Baracken und hinter Stacheldraht untergebracht. Sie erhielten ein Minimum an Verpflegung, keine medizinische Versorgung und waren zum Sterben verurteilt.

Leider konnte ich aus Mc Dowalls Tagebuch über FJW Kelly nichts herauslesen, aber er war ja auch nur „Private“ seinem Buch zufolge und damit einer unter vielen.
Einige Passagen aus „Private Kelly“ über das Lager Mühlberg, entsprachen exakt dem, was ich vom Tagebuch des Chaplain Mc Dowall entnehmen konnte.

Aus Franks Texten über sich selbst konnte ich lesen, dass er Individualist war und selten die Begleitung anderer Menschen suchte. Selbst im Camp outete er sich und lebte die schwere Zeit für sich allein. Er gab sich hilfsbereit, lehnte aber Hilfe für sich selbst und weiteren Kontakt ab. Er hatte keine Kameraden, er wollte keine Freundschaft.
BEFOLGTE ER DAMIT SCHON EINEN AUFTRAG?

Ich bat Medien in England um Unterstützung. Artikel und Annoncen wurden von mir immer in Verbindung mit der Frage nach einem Aufenthalt von FJW Kelly gebracht.

1992, 1993 Lewisham News
Diese Zeitung hatte von meiner Suche nach dem ehemaligen Lewisham-Einwohner, FJW Kelly gehört und bat mich um Erlaubnis, eine „story“ schreiben zu dürfen.
Leider entstand aus meiner sehr ernsten Geschichte eine „love-story“. Diese war eher nachteilig, als dass sie der Sache gedient hätte.

1995 Daily Mail
Dieser Zeitung sandte ich auch meine 1. Dokumentation. Sie baten um eine Genehmigung, diese DOK weiter benutzen zu dürfen.

2000 Leipziger Volkszeitung
Der Beitrag „Spion oder nicht Spion“ war ein eye-catcher, verhalf aber zu keinerlei verwendbaren Hinweisen aus dem Leserkreis.

1993 Twiggers, Book Finding Service
Ich schickte meine Dok und bat um ein weiteres Exemplar von „Private Kelly“ by himself. Ich fragte nach älteren Ausgaben des Buches und nach einem Kontakt zum Autor, der ihnen aber nicht bekannt war.

1993 Harper Collins Publisher,
Die 2.Auflage von Kellys Buch wurde 1957 von HC herausgegeben und ich fragte nach dieser Auflage und nach einem Kontakt zum Autor an.
HC unternahm für mich Anfragen bei „Society of Authors“ and „Writers Guild of Great Britain“, aber FJW Kelly war als Autor nicht eingetragen.

TV und Hörfunk mit Dokumentationen und Features

1993 Radio BBC,
Ich schrieb John Dunn an und erbat einem Kontakt mit Nigel Cawthorne. Der Artikel über FJW Kellys' Lagerhaft und Rückkehr wurde bestätigt aber auch Nigel Cawthorne hatte weder Kontakt noch eine Ansprechmöglichkeit über seinen Verlag zu FJW Kelly

1995 TV, SAT 1 Feature
„Unschuldig hinter Gitterstäben" und „Anklage auf Spionage."

1998 ARD, Hörfunk
Bericht von Ute Gerlant: „Keep smiling"

2004 MDR, Hörfunk
Feature von Steffen Lüddemann: „Der Englische Spion"

2007 DF, Feature
Alexandra Gerlach „Unter Spionage-Verdacht"

Einerseits kam ich voran, lernte interessante Dinge und an der Sache interessierte Leute kennen.
Andererseits aber war ich meinem eigentlichen Ziel, Franks Aufenthalt zu finden, ihn persönlich zu treffen, auf meine Fragen eine Antwort zu bekommen und die Zeit unseres kleinen und kurzen Intermezzos, wofür wir so hart bestraft wurden, anzusprechen, so weit entfernt, wie ehemals zuvor.

Dabei hatte ich jeden Tag Post im Briefkasten und täglich konnte ich mich mit einer Antwort, nun am PC beschäftigen. Ich gönnte mir keinen Aufschub und keine Zeit, die ich ja auch nicht hatte.
Ich bin Jahrgang 1927 und Frank Jahrgang 1917
Ist er überhaupt noch am Leben?
Weiß er, dass ich nach ihm suche?
Wollte oder sollte er unentdeckt bleiben?
Erhielt er doch eine andere Identität?
Diese Fragen stellte ich mir mit jedem Schreiben erneut. Antworten darauf, konnte ich mir selbst erst nach seinem Ableben geben.
Die Briefe einiger britischer Behörden waren zuvorkommend aber man hielt sich auch diskret zurück. Ich war überzeugt, man wusste mehr aber ich sollte nicht mehr wissen.

Bei anderen Einrichtungen hatte ich wieder ein sehr gutes Gefühl und glaubte den herzlichen Worten, die Verständnis und Mitgefühl zeigten und mir im Rahmen ihrer Möglichkeiten Hilfe und Unterstützung versprachen.

Eines besseren Verständnisses wegen und zur Glaubhaftmachung meines Anliegens, legte ich jedem ersten Anschreiben meine Dokumentation bei. Ich war überzeugt, der brisante Hintergrund meiner „story“ machte doch enorm hellhörig und neugierig.

1991 DRK, Deutsches Rotes Kreuz
Von hier erhoffte ich mir zunächst von deutscher Seite aus eine bestmögliche, auch internationale Suche, nach FJW

Kelly. Man verwies mich mit der Angelegenheit an das British Red Cross.

1992 Britische Streitkräfte in Berlin
Dort fragte ich nach FJW Kelly an und erhielt Antwort, dass meine Post an die betreffende Behörde nach England weitergegeben und ich von dort eine Antwort erhalten würde.

1992 Social Security, London
Ich fragte nach einer Registrierung von FJW Kelly. Man gab mir Nachricht, dass kein National Insurance Account vorhanden sei und ich mich weiter wenden möchte an: Contribution Agency

1992 MOD, Ministry of Defence
Auf meine Anfrage nach Frank James William Kelly erhielt ich einen Fragebogen mit der Bitte, um genaue und ausführliche Daten. Da ich diese Daten nicht hatte, konnte ich nicht viel dazu beitragen.

Delbert Philpott schrieb ebenfalls an MOD, gab Auskunft zur Loyalität meiner Person und zu den Beweggründen meiner Suche.
MOD fand später eine Adresse von Kelly, gab sie aber nicht bekannt. So schickte ich einen Brief an MOD zur Weiterleitung an FJW Kelly.
MOD hoffte für mich auf guten Kontakt mit FJW Kelly.

1993 Woolwich Hospital
Ich habe das Krankenhaus angeschrieben, da Frank nach sei-

ner Übergabe 1953 an die Briten dort zuerst gesund gepflegt wurde.
Das Archiv verfügte über eine Akte und ich erhielt eine Adresse von Frank, die aber nicht mehr aktuell war.
Woolwich Hospital informierte aber sofort auch die Armee, das Royal Army Medical Corps, Kellys Einheit.

Natürlich sagte diese Krankenhausakte bedeutend mehr aus und, wie ich später zu wissen bekam, sammelte sich beim RAMC, der für diesen Fall einzig aussagekräftigen zentralen Stelle, meine gesamte Korrespondenz.

1994 British Red Cross
Auf Empfehlung des RAMC und Woolwich Hospital wurde das BRC hinzugezogen.
International Welfare Department Chief, Albino Okello versprach Hilfe und eigene Schritte einzuleiten, er setzte sich auch mit dem MOD in Verbindung.
Er war mir überaus behilflich und äußerst verständnisvoll meiner Sache zugetan.

1993 British Salvation Army und die deutsche Heilsarmee.
Oberstleutnant U. Flade setzte sich für mich ein und recherchierte entgegen ihren Vorschriften, nur Verwandte 1. Grades zu bedienen, auch nach FJW Kelly.

1993 Electoral Register Office
Irene Fordred als Britische Staatsangehörige unternahm den Versuch beim Electoral Register Office, Lewisham Townhall

einen Aufenthaltsort von Frank zu erfahren, da er ja in Lewisham geboren war und dort hätte registriert sein müssen. Leider fand man keinen Nachweis.
2004 versuchte es Irene Fordred noch einmal, ohne erfolgreich zu sein.

1993, 1997 Public Record Office
Meine Anfrage nach FJW Kelly mit der Bitte, meine Post an eine bestimmte Adresse weiter zu leiten.
Man teilte mir mit: Nach neuen Verfahren haben sie keine Akten mehr zur Hand und ich möchte mich an folgende Adressen wenden: BRC, Salvation Army, Contribution Agency oder Tracing Missing People.

2002, 2004 General Register Office
Dieses Büro schickte mir auf Anfragen eine Geburtsurkunde von Frank, die Heiratsurkunde seiner Eltern und suchte auf mein Bitten in den Jahren 1960 bis 1975 nach einem Nachweis einer möglichen Heirat von Frank.
Eine Heiratsurkunde konnte aber nicht gefunden werden.

Royal Army Medical Corps, R.A.M.C.
Vierzehn Jahre war ich auf internationalem Postweg tätig und jede genannte Person oder Institution trugen dazu bei, meine Recherchen in einen weiteren Schritt voran zu bringen.
Einige davon mit Ratschlägen und eigenem Zutun. Aber heute kann ich sagen, dass MOD und RAMC allein die Institutionen gewesen wären, die von Beginn an, kompetent und mit einer evidenten Aussage diese 14 Jahre hätten wesentlich verkürzen können.

1991 schon mit meinem ersten Schreiben an die britischen Streitkräfte in Berlin und das britische Verbindungsamt erreichten Kopien davon das MOD und diese wieder informierten RAMC und so war man von Beginn an von meinen Aktivitäten in Kenntnis gesetzt.

Beide hatten eine Akte Kelly und konnten sich einlesen, doch ein Mädchen „Rosemarie Petzold erschien darin nur marginal. Erst als ich meine umfassende Dokumentation an das RAMC schickte, meine Erklärung, warum und wozu meine Suche nach FJW Kelly, bekam ich ein Gesicht.

Die Schreiben von Dr. Delbert Philpott an RAMC und MOD taten ein Übriges, mich und mein Tun auch als seriös zu bestätigen.

Major Howard, meine erste Kontaktperson beim RAMC war von meinem Schicksal sehr angetan. Ich schickte Kopien meiner gesamten englischen Korrespondenz, ich schickte Kellys Buch: „Private Kelly“ und später auch die, aus meiner sowjetischen Akte erhaltenen Kopien ihm zur Kenntnisnahme.
Major Howard unterstützte intensiv meine Suche und schrieb an Verlage, Autoren, British Red Cross, Airborne Forces, HSS-Health and Social Security Dep, Driver Licence Dep, und mehr.

Einmal bat er mich, einen Brief an Frank zu schreiben, man hätte eine Adresse gefunden und wollte meinen Brief nach dort weiterleiten. Eine Antwort darauf wäre dann Franks' Entscheidung.

Später schickte mir Major Howard die Post in einem Umschlag zurück: Nicht zustellbar.

Was anders konnte ich also annehmen als, dass Major Howard nicht Zeit noch Mühe scheute, mir zu helfen.
Viel später, nach meinem persönlichen Besuch beim RAMC in England, bekam ich berechtigte Zweifel und dann wusste ich es.
Das Royal Army Medical Corps schützte von Beginn an Kellys Anonymität.

1995 übernahm Lieutenant Colonel Terry Reeves vom RAMC die Angelegenheit.
Er war bestens involviert und mir und meinen Nachforschungen ebenfalls sehr positiv verbunden.
Er schickte mir zwei Schreiben aus einer Kelly Akte (!), die ihm selbst kurios erschienen.
Darin wurde Kelly als POW zweimal mit verschiedenen Geburtsdaten, verschiedenen POW Nummern und in verschiedenen POW-Camps erwähnt. Mit gleichen POW Daten und Nummern wurde auch ein James Wilkinson erwähnt.

Lieutenant Colonel Reeves konnte sich das nicht erklären, aber ich hatte ein Argument.
Da ich oft von den Russen im Verhör nach James Wilkinson gefragt wurde, schien mir das ein Codename zu sein. Frank James William gleich James Wilkinson. Das würde wiederum erklären, dass Frank einen Auftrag gehabt hätte.
Von wem auch immer.

Dann, ganz unerwartet erhielt ich die Nachricht, dass FJW Kelly im Januar 2004 verstorben sei.
Lieutenant Colonel Reeves teilte mir das mit. Auf meine Bitte, eine Urkunde zu erhalten, bekam ich die Zusage aber auch gleich darauf eine Mitteilung, dass die Witwe dem nicht zustimmen würde.

Später erreichte es der Mitteldeutsche Rundfunk, auf Umweg eine Sterbeurkunde zu bekommen. Darin erkannte ich nach über 14 Jahren zum ersten Mal Franks späteren Aufenthaltsort.

2003 bat mich der Mitteldeutsche Rundfunk, Herr Steffen Lüddemann, um mein Einverständnis, ein Feature über meine Spionagegeschichte zu bringen. Vorbereitungen dazu, sahen auch eine Reise nach England vor, um alle involvierten Personen und Plätze zu besuchen.
Überaus wichtig und interessant erwarteten wir das Treffen mit Lieutenant Colonel Reeves und Major Starke, beide RAMC.
Wobei ich mir nicht sicher bin, ob Major Starke nicht zum Military Secret Service gehörte.

2004 im November, besuchten wir, Herr Lüddemann und ich, das Royal Army Medical Corps Association, Regimental Headquarters, Camberley.
Das Headquarter war stationiert in einem imposantes Parkgelände mit prunkvollen Viktorianischen Herrschaftshäusern. Keine Barracks und Sandhurst“ residierte gleich nebenan.

Nach sehr höflich erfolgten Fragen am Eingangsportal nach unserem Anliegen, begleitete uns die Security zu einem dieser Häuser, in dem uns ein Sekretär empfing. Man bot uns Tee und Gebäck an mit der Bitte, etwas Geduld zu haben. Alles sehr britisch.
Nach kurzer Zeit wurden wir von Lieutenant Colonel Reeves und seinem Begleiter, Major Starke sehr freundlich begrüßt.

Der Besuch war ein Erlebnis der besonderen Art.
Jeder hatte seine umfangreichen Aktenbündel zur Hand. Ich erhoffte mir einen erfolgreichen und zufriedenstellenden Ausgang dieser Unterhaltung. Wir sprachen Englisch.
Herr Lüddemann, Journalist vom MDR, nahm die Gespräche auf. Zum Teil übersetzte ich, was wichtig für das Feature erschien.

Es war eine sehr zuvorkommende Runde, obwohl ich mich manchmal dem Eindruck eines Verhör ähnlichen Gesprächs nicht verwehren konnte.
Was ich zuvor zwischen den Zeilen der Korrespondenz habe herauslesen wollen, wollte ich nun aus der Diskussion heraushören.
Aber man war vorsichtig in der Wahl der Antworten. Auf gar keinem Fall wollte man den wahren Ablauf des ganzen Geschehens von damals durchblicken lassen.
Auf der einen Seite wäre FJW Kelly kein Vorzeigesoldat für die Royal Army, auf der anderen Seite, als Agent benutzt, wäre das Desinteresse für seine Lagerhaft in Russland auch keine Renommee für die Royal Army.

So also sollten doch naives Denken und Handeln Frank Kellys Motiv für Desertation gewesen sein. Mein Kontra und meine plausiblen Widerlegungen, konnten sich in keinem Punkt dagegen behaupten.

Die Verantwortlichen des RAMC konnte mich nicht überzeugen. Ich suchte eine Möglichkeit fortzufahren und entschloss mich, noch einmal mit Kellys POW Zeit in Mühlberg zu beginnen.

Ich schrieb nach England an Mr. Alex Wood, der heute für die History des ehemaligen Gefangenenlagers zuständig ist und Listen ehemaliger dort Inhaftierter zur Verfügung hat.
Ich musste leider hören, dass ein Private FJW Kelly nicht auf den Listen verzeichnet sei.

Nun muss man sich vorstellen, vierzigtausend Gefangene aller Nationen, es war eines der größten Lager in Deutschland. Auch wenn die einzelnen Länder ihre Gefangenen in eigener Verwaltung und selbst aufgelistet hatten, konnte es schon passieren, dass einige Namen untergehen.
ABER WAS GESCHAH WIRKLICH?
KAM PRIVATE FJW KELLY, GEFANGENER VON ARNHEIM, VOM GEFANGENEN-LAGER LAMSDORF ODER LIMBURG SCHON MIT EINEM DEUTSCHEN AUFTRAG NACH MÜHLBERG?

Bei der deutschen Dienststelle für ehemalige Wehrmachtsangehörige fragte ich ebenfalls nach alten Listen britischer POWs' an. Man teilte mir mit, dass im April 1945 diese Listen von den britischen Offizieren beschlagnahmt wurden und

in England verwaltet werden. Mit einem Hinweis, das MOD anzuschreiben, hoffte man mir geholfen zu haben.
Frau Marlies Arendt half mir noch einmal die Umgebung von Lausitz zu durchforsten.
Ich erhielt von fast allen Ortschaften in der Nähe des STALAG 4b die Bestätigung, dass Kelly als Sanitäter in allen umliegenden Ortschaften geholfen hat, Wunden, Verletzungen und andere Krankheitsfälle zu heilen, dass er aber von der sowjetischen Besatzung mehrfach zum Verlassen der Region aufgefordert wurde und doch immer geblieben sei und die Gefahr, verhaftet zu werden, einfach negierte.
In der Nähe von Lausitz befand sich ein Militärflugplatz der sowjetischen Armee und diesen Flugplatz hatte man mir im Verhör als mein und Kellys „Objekt der Spionage“ vorgehalten.

Hatte man Frank zur Beobachtung des Flugplatzes beauftragt?
Was oder wem wollte FJW Kelly am 12. August 1946 im Umland von Bad Liebenwerda aufsuchen?

Ich nahm mir noch einmal die Freiheit und verfasste einen sehr dezenten Brief an Mrs Kelly in Ashford. Zwei Jahre der Trauerzeit waren vergangen und da sollte man das Thema noch einmal ansprechen dürfen.
Ich hatte die Hoffnung, dass Mrs Kelly über die Haftzeit, die wirklichen Gründe, die dazu führten und vielleicht auch über andere, für mich wichtige Dinge, von ihrem Ehemann aufgeklärt wäre und sie mir helfen könne.
Meine unschuldig erlittene Haftzeit hätte in einer vertrauli-

chen Aussprache und extrem relevant für mein Seelenleben geklärt werden können.
Anlässlich eines letzten Seminars der VOS in Berlin sprach ich mit einem ehemaligen Haftkameraden, Viktor Gorynia.
Er ist Ansprechperson für die ehemals im GULAG in Russland Inhaftierten.
Er war zu Eröffnungen von Gedenkstätten vor Ort, er war zu Akteneinsichten in dem Staatsgefängnis „Ljubjanka" in Moskau, er kennt Russland und spricht die russische Sprache.
Ich fragte nach dem Lager „Vladimir" und er kannte es. Bisher hatte ich über dieses Lager, außer bei Frank, nichts gehört oder gelesen.
Ich hoffte auf ältere Kameraden, die in Vladimir waren und sich an Frank erinnern könnten.
Vielleicht könnten sie mir zu dem Briten etwas sagen?
Vielleicht waren sie dem Briten persönlich begegnet?
Ich werde meine Recherchen fortsetzen und bin dankbar, wenn auch nur ein kleiner Hinweis sich positiv verarbeiten lässt.

Sehr bedauerlich ist nur, dass ich erst nach der politischen Wende in der DDR mit dieser Arbeit beginnen konnte und die Zeit, die bleibt, doch bemessen ist.

Rosemarie Studera Petzold

Dokumente

Rosemarie Petzold 1947

Potsdam, Gefängnis von 1945–1950 (Foto mit freundlicher Genehmigung vom Potsdam Förderverein)

Formblatt ③ HHG
Bescheinigung gemäß § 10 Abs. 4 HHG

Stiftung für ehemalige politische Häftlinge
Marienfelder Allee 66-80
W-1000 Berlin 48

Az. II3-10476-S

KAPITALENTSCHÄDIGUNG
gezahlt am: 3.3.95

Bescheinigung gemäß § 10 Abs. 4

des Gesetzes über Hilfsmaßnahmen für Personen, die aus politischen Gründen außerhalb der Bundesrepublik Deutschland in Gewahrsam genommen wurden (Häftlingshilfegesetz – HHG)

I ☐ Herrn ☒ Frau

Name, Vorname Studera, Rosemarie, geb. Petzold	
Geburtsdatum 31.07.1927	Geburtsort, Kreis, Land Leipzig

wird hiermit bescheinigt, daß ~~er~~/sie

☒ wegen des von ~~ihm~~/ihr erlittenen, unter II. angeführten Gewahrsams zum Personenkreis nach § 1 Abs. 1 Nr. 1 HHG gehört und daß Ausschließungsgründe nach § 2 HHG nicht vorliegen.

☐ wegen des unter II. angeführten Gewahrsams von

☐ Herrn ☐ Frau

Name, Vorname	
Geburtsdatum	Geburtsort, Kreis, Land
verstorben am	in (Gemeinde, Kreis, Land)
Verwandtschaftsverhältnis zum Inhaber dieser Bescheinigung	

☐ zum Personenkreis nach § 1 Abs. 1 Nr. 3 HHG (Hinterbliebener) gehört und daß Ausschließungsgründe nach § 2 HHG nicht vorliegen.

II Gewahrsam nach § 1 Absatz 1 Nr. 1 HHG einschließlich der Zeiten, die nach § 1 Absatz 5 Satz 2 HHG als Gewahrsam gelten

vom	bis	in (Ort, Land)
12.08.1946	21.06.1947	Bad Liebenwerda, Potsdam

III ~~Er~~/Sie hat mit Bescheid vom 02.03.1995 Leistungen nach ☒ § 9 a HHG ☐ § 9 b HHG ☐ § 9 c HHG erhalten.

Ort, Datum Berlin, den 02.03.1995	
Im Auftrag Lasptal	

STIFTUNG FÜR EHEMALIGE POLITISCHE HÄFTLINGE 3

1 **Antragsteller**

490/0336 – Deutscher Gemeindeverlag – 9/90 – Formularverlag W. Kohlhammer

BESTÄTIGTE ÜBERSETZUNG AUS DEM RUSSISCHEN

(Prägung)

(Staatswappen der Russischen Föderation)

AUßENMINISTERIUM
DER RUSSISCHEN
FÖDERATION

Botschaft der Bundesrepublik Deutschland Moskau	
Eing. 01. JULI 1998	
Tgb. Nr.	
Anl. .... Dopp.	

Nr. *62*-(unleserlich)

Die Verwaltung für Internationale humanitäre Zusammenarbeit und Menschenrechte des Außenministeriums der Russischen Föderation bekundet ihre Hochachtung gegenüber der Botschaft der Bundesrepublik Deutschland in Moskau und übersendet bezüglich ihrer Anfrage Nr. 544-964 vom 10. Dezember 1997 die Kopien der Akte von Frau Rose-Marie Petzold.

Gleichzeitig teilen wir mit, dass im Bestand des Archivs des Föderalen Sicherheitsdienstes der Russischen Föderation keine persönlichen Unterlagen von Frau Petzold Rose-Marie vorhanden sind, des Weiteren liegen keine Angaben über das weitere Schicksal von Herrn Kelly Frank vor.

Die Verwaltung für Internationale humanitäre Zusammenarbeit und Menschenrechte des Außenministeriums möchte der Botschaft hiermit ihre vorzügliche Hochachtung zusichern.

Moskau, am " *30.* " Juni 1998
(Rundstempel mit Hoheitszeichen und Inschrift: Außenministerium der Russischen Föderation, Nr. 3)

AN DIE BOTSCHAFT
DER BUNDESREPUBLIK DEUTSCHLAND
in Moskau

Als vom Präsidenten des Landgerichts Leipzig öffentlich bestellter und allgemein beeidigter Dolmetscher und Übersetzer für die russische Sprache bestätige ich: Vorstehende Übersetzung der mir im Original vorgelegten, in russischer Sprache abgefassten Urkunde ist richtig und vollständig.

Dr. Juri V. Istyagin
Thomasiusstr. 9A
04109 Leipzig
Tel.: 0179 / 6414019
Öffentlich bestellter und allgemein beeidigter Übersetzer und Dolmetscher für die russische Sprache

Leipzig, den 24. Mai 2006 **Dr. Juri V. Istyagin**

№ 62-V/уинь 754

Управление по международному гуманитарному сотрудничеству и правам человека Министерства Иностранных Дел Российской Федерации свидетельствует свое уважение Посольству Федеративной Республики Германия в Москве и в ответ на его запрос №544-964 от 10 декабря 1997 года имеет честь препроводить копии материалов дела Петцольд Роземари.

Одновременно сообщаем, что в материалах Центрального архива Федеральной службы безопасности Российской Федерации личных документов Петцольд Роземари и сведений о дальнейшей судьбе Франка Келли не имеется.

Управление по международному гуманитарному сотрудничеству и правам человека Министерства пользуется случаем, чтобы возобновить Посольству уверения в своем высоком уважении.

Москва, "30" июня 1998 года

ПОСОЛЬСТВУ ФЕДЕРАТИВНОЙ
РЕСПУБЛИКИ ГЕРМАНИЯ
г.Москва

BESTÄTIGTE ÜBERSETZUNG AUS DEM RUSSISCHEN

(Staatswappen der Russischen Föderation)

OBERSTAATSANWALTSCHAFT
DER RUSSISCHEN FÖDERATION

OBERSTE
MILITÄRSTAATSANWALTSCHAFT

„25“ Juli. 1995

Nr. 5uw-927-95

103160, Moskau, K-160

BESCHEINIGUNG
/über die Rehabilitierung/

✱ Bei der Antwort die Nummer und das Datum des Schreibens angeben

Hiermit wird bestätigt, dass die deutsche Staatsbürgerin Frau Petzold, Rose-Marie, 1927 geboren und wohnhaft in Leipzig (Deutschland), Deutsche, Schülerin der Englischen Schule, die von den Organen des Ministeriums für Staatssicherheit der UdSSR am 13. August 1946 mit dem Verdacht, Spionagetätigkeit zugunsten des englischen Nachrichtendienstes ausgeübt zu haben, verhaftet und bis zum 16. Juni 1946 inhaftiert wurde, gemäß dem Artikel 3 des Gesetzes der Russischen Föderation „Über die Rehabilitierung von Opfern politischer Repressionen" vom 18. Oktober 1991 rehabilitiert ist.

Oberster Militärstaatsanwalt
der Abteilung für
Rehabilitierung (Unterschrift: unleserlich) A.P. Bulutschevskij

(Rundstempel mit Hoheitszeichen und Inschrift: Oberste Militärstaatsanwaltschaft)

Als vom Präsidenten des Landgerichts Leipzig öffentlich bestellter und allgemein beeidigter Dolmetscher und Übersetzer für die russische Sprache bestätige ich: Vorstehende Übersetzung der mir im Original vorgelegten, in russischer Sprache abgefassten Urkunde ist richtig und vollständig.

Leipzig, den 24. Mai 2006

Öffentlich bestellter und allgemein beeidigter Übersetzer und Dolmetscher für die russische Sprache • Dr. Juri V. Istyagin Thomasiusstr. 9A 04109 Leipzig Tel.: 0179 / 6414019

Dr. Juri V. Istyagin

Исп. вх. №

ГЕНЕРАЛЬНАЯ ПРОКУРАТУРА
РОССИЙСКОЙ ФЕДЕРАЦИИ

ГЛАВНАЯ
ВОЕННАЯ ПРОКУРАТУРА

"25" июля 1995 г.

№ 5ув-927-95

103160, Москва, К-160

СПРАВКА
/о реабилитации/

При ответе ссылайтесь на наш номер и дату

Дана в том, что гражданка Германии Петцольд Розе-Мария, 1927 года рождения, уроженка и жительница г.Лейпцига (Германия), немка, учащаяся школы английского языка, арестованная органами МГБ СССР 13 августа 1946 г. по подозрению в шпионаже в пользу английской разведки, содержавшаяся в тюрьме под арестом до 16 июня 1947 г., в соответствии со ст.3 Закона Российской Федерации "О реабилитации жертв политических репрессий" от 18 октября 1991 г. реабилитирована.

Ст. военный прокурор
отдела реабилитации А.П.Булучевский

EINSATZGRUPPE DES NKWD[1] DES KREISES BAD LEBENWERDA

DURCHSUCHUNGSPROTOKOLL

„ *13.* " *August* 19456 **Ich, Mitarbeiter der Einsatzgruppe**

des NKWD des Kreises Bad Liebenwerda

.... **in der Anwesenheit der Zeugen**

....

habe die festgenommene Person *Frau Petzold, Rose-Marie* **durchsucht.**

....

Bei der Durchsuchung wurden folgende Effekten beschlagnahmt:

1. Deutscher Pass, 1 (ein)

2. Arbeitskarte, 1 (eine)

3. Bargeld, 48 Deutsche Mark (achtundvierzig)

Es sind keine Ansprüche seitens der inhaftierten Person in Bezug auf verloren gegangene Dokumente, Wertsachen und Gegenstände erhoben worden.
Das Protokoll wurde in die deutsche Sprache übersetzt.

Unterschrift der festgenommenen Person (Unterschrift: Rose-Marie Petzold)

Die Durchsuchung wurde von den Mitgliedern der Einsatzgruppe des

NKWD des Kreises Bad Liebenwerda durchgeführt *Unterleutnant* (Name abgeklebt)

Zeugen: *Leutnant* (unleserlich) ;

Als vom Präsidenten des Landgerichts Leipzig öffentlich bestellter und allgemein beeidigter Dolmetscher und Übersetzer für die russische Sprache bestätige ich: Vorstehende Übersetzung der als Kopie vorgelegten, in russischer Sprache abgefassten Urkunde ist richtig und vollständig.

Öffentlich bestellter und allgemein beeidigter Übersetzer und Dolmetscher für die russische Sprache
Dr. Juri V. Istyagin
Thomasiusstr. 9A
04109 Leipzig
Tel.: 0179 / 6414019

Leipzig, den 24. Mai 2006 **Dr. Juri V. Istyagin**

[1] NKWD – Volkskommissariat für Innere Angelegenheiten (Übers.)

Центральный архив ФСБ РФ

-2-

УЕЗДНАЯ ОПЕРГРУППА НКВД Г. БАД-ЛИБЕНВЕРДА

ПРОТОКОЛ ЛИЧНОГО ОБЫСКА

„13" августа 1945 г. Я сотрудник уездной опергруппы НКВД г. БАД ЛИБЕНВЕРДА ...

.... в присутствии понятых ...

произвел обыск задержанного гр-на Петцольд Розе-Мария

При обыске из"ято:

1. Немецкий паспорт один.
2. Рабочая карточка одна.
3. Деньги 48 нем. марок (сорок восемь)

Претензий на пропажу документов, ценностей и вещей со стороны арестованного не поступило. Переведено с русского языка на немецкий.

Подпись задержанного Rose-Marie Petzold

Обыск производил сотрудник уездной опергруппы

НКВД г. Бад-Либенверда мл. л-т

Понятые: л-т Комаров

BESTÄTIGTE ÜBERSETZUNG
AUS DEM RUSSISCHEN

Zentralarchiv des Föderalen Sicherheitsdienstes der Russischen Föderation

ANORDNUNG

/ der Festnahme

„ *13. August* "1946 *Bad-Liebenwerda*

Ich, *Unterleutnant* (Name abgeklebt), Mitarbeiter des ~~Operationssektors~~/ der Einsatzgruppe / ~~NKWD~~[1] / *Sowjetische Militärverwaltung*

des Kreises Bad Liebenwerda nach der Untersuchung der vorgelegten Unterlagen von

Frau Petzold, Rose-Marie, 1927, geboren und wohnhaft in Leipzig, (unleserlich), *Nr. 16, Deutsche, mittlere Bildung, parteilos, aus Beamtenfamilie*(unleserlich), *ledig, nicht vorbestraft*
habe folgendes

FESTGESTELLT:

Aus den Aussagen von Heinz Dorgain wurde bekannt, dass Frau Petzold, Rose-Marie am 12.08.1946 aus dem Wagen eines englischen Offiziers am Bahnhof der Stadt Falkenberg ausstieg. Am 13.08.1946 sollte sie auf ihn am Bahnhof der Stadt Bad Liebenwerda warten. Des Weiteren hat sie Kontakte zu dem englischen Offizier auch in Leipzig unterhalten.

Auf Grundlage des Artikels 100 der Strafprozessordnung der RSFSR habe ich folgendes

BESCHLOSSEN:

Frau Petzold, Rose-Marie festzunehmen und in Gewahrsam zu nehmen.

Diese Anordnung wurde mir in deutscher Sprache von einer Dolmetscherin verlesen.
(Unterschrift: Rose-Marie Petzold)

ERMITTLER DES ~~OPERATIONSSEKTORS~~/ DER EINSATZGRUPPE / ~~NKWD~~[2] / *SOWJETISCHE MILITÄRVERWALTUNG*
des Kreises Bad Liebenwerda, Unterleutnant (Unterschrift: unleserlich) (Name abgeklebt)

„EINVERSTANDEN" Leiter *der Einsatzgruppe der Sowjetischen Militärverwaltung des Kreises Bad Liebenwerda* (handschriftlich über den gedruckten Text, gedruckter Text unleserlich)
Hauptmann (Name abgeklebt)
Dolmetscherin (Unterschrift: unleserlich)

Als vom Präsidenten des Landgerichts Leipzig öffentlich bestellter und allgemein beeidigter Dolmetscher und Übersetzer für die russische Sprache bestätige ich: Vorstehende Übersetzung der mir als Kopie vorgelegten, in russischer Sprache abgefassten Urkunde ist richtig und vollständig.

Leipzig, den 24. Mai 2006 **Dr. Jurij V. Istyagin**

Öffentlich bestellter und allgemein beeidigter Übersetzer und Dolmetscher für die russische Sprache
Dr. Jurij V. Istyagin
Thomasiusstr. 9A
04109 Leipzig
Tel.: 0179 / 6414019

[1] NKWD – Volkskommissariat für Innere Angelegenheiten (Übers.)
[2] NKWD – Volkskommissariat für Innere Angelegenheiten (Übers.)

ПОСТАНОВЛЕНИЕ

/ о задержании

„13 августа 1946 г. гор. Бад-Либенцелла

Я, мл. л-т ______ сотрудник Опер~~сектора~~ / группы / ~~ОКР~~

уезда Бад-Либенцелла, рассмотрев поступившие материалы на

Петцольд Розе-Мария 1927 года рождения, уроженка и жительница гр. Лейпциг ул. Бурнхауз №16, немка, образование среднее, б/партийная, из служащих-учащаяся, не замужняя, не судима

НАШЕЛ:

Что Петцольд Розе-Мария как это стало известно, из показаний Лорчайн Гайну 12.8.1946 года была посажена на автомашину английским офицером на вокзале г. Фаленцберга, и 13.8.46 года должна ожидать его на вокзале гор. Бад-Либенцелла, что не поддерживала связи с английским офицером в гор. Лейпциге;

Руководствуясь ст. 100 УПК РСФСР,

ПОСТАНОВИЛ:

Петцольд Розе-Мария задержать и содержать под стражей.

Постановление мне объявлено на немецком языке через переводчика Rose-Marie Petzold

СЛЕДОВАТЕЛЬ ОПЕР~~СЕКТОРА~~ / ГРУППЫ / ~~ОКР~~

уезда Бад-Либенцелла мл. л-т

"СОГЛАСЕН" НАЧАЛЬНИК Оперпункта уезда Бад-Либенцелла

Котнiан

Переводчик

BESTÄTIGTE ÜBERSETZUNG AUS DEM RUSSISCHEN

VERFÜGUNG

/über die Entlassung der festgenommenen Person aus dem Gewahrsam/.

Potsdam 16. Juni 1947

Ich, Leiter der 4. Abteilung des Operationssektors der Sowjetischen Militärverwaltung in Brandenburg, Hauptmann **PERVUSCHIN**, nach der Prüfung der Ermittlungsunterlagen von

PETZOLD, Rose-Marie, 1927, geboren und wohnhaft in Leipzig, Deutsche, deutsche Staatsbürgerschaft, parteilos, mittlere Bildung, aus Beamtenfamilie, ledig, nicht vorbestraft.

habe folgendes

FESTGESTELLT:

Frau PETZOLD wurde am 3. August 1946 festgenommen.

Der Grund für die Festnahme von Frau PETZOLD waren die Aussagen des verhafteten Werbeagenten des englischen Nachrichtendienstes FRANK KELLY, deren zu Folge Frau PETZOLD als eine Agentin des englischen Nachrichtendienstes enthüllt wurde.

Im weiteren Ermittlungsverfahren hat FRANK KELLY seine Aussagen in Bezug auf Frau PETZOLD zurückgenommen.

Im Ermittlungsverfahren wurden keine Informationen und Angaben gewonnen, die von der Zugehörigkeit von Frau PETZOLD zu dem englischen Nachrichtendienst bezeugt hätten. Deswegen gemäß dem Artikel 204, Punkt "b" der Strafprozessordnung der RSFSR ergeht folgende

П О С Т А Н О В Л Е Н И Е

/об освобождении задержанного из-под стражи/.

Гор.Потсдам. 16 июня 1947 года.

Я, нач.4-го отделения оперсектора СВА провинции Бранденбург капитан ПЕРВУШИН, рассмотрев следственные материалы в отношении -

ПЕТЦОЛЬД Розе-Мария, 1927 года рождения, уроженка и житель гор. Лейпциг, немка, германского подданства, б/п, образование среднее, из служащих, не замужняя, не судимая.

Н А Ш Е Л:

ПЕТЦОЛЬД была задержана 3 августа 1946 года.

Основанием для задержания ПЕТЦОЛЬД послужили показания арестованного агента-вербовщика английской разведки КЕЛЛИ ФРАНК, по которым ПЕТЦОЛЬД изобличается, как агент английской разведки.

В процессе дальнейшего следствия КЕЛЛИ ФРАНК от данных им показаний в отношении ПЕТЦОЛЬД отказался.

Каких-либо других данных, изобличающих ПЕТЦОЛЬД в принадлежности к английским разведорганам в процессе следствия не добыто, поэтому, руководствуясь ст.204 пункт "б" УПК РСФСР -

2.-
138 (handschriftlich)

VERFÜGUNG:

Die festgenommene Person – PETZOLD – wird aus der Haft e n t l a s s e n.

LEITER DER 4. ABTEILUNG DES OPERATIONSSEKTORS DER SOWJETISCHEN MILITÄRVERWALTUNG
- HAUPTMANN

„EINVERSTANDEN“

LEITER DER ERMITTLUNGSABTEILUNG DES OPERATIONSSEKTORS DER SOWJETISCHEN MILITÄRVERWALTUNG IN BRANDENBURG – MAJOR

„ *19.* „ Juni 1947.

Als vom Präsidenten des Landgerichts Leipzig öffentlich bestellter und allgemein beeidigter Dolmetscher und Übersetzer für die russische Sprache bestätige ich: Vorstehende Übersetzung der als Kopie vorgelegten, in russischer Sprache abgefassten Urkunde ist richtig und vollständig.

Leipzig, den 24. Mai 2006 (Stempel: Öffentlich bestellter und allgemein beeidigter Übersetzer und Dolmetscher für die russische Sprache · Dr. Juri V. Istyagin, Thomasiusstr. 9A, 04109 Leipzig, Tel.: 0179 / 6414019) **Dr. Juri V. Istyagin**

2.-

ПОСТАНОВИЛ:

Задержанного ПЕТЦОЛЬД из-под стражи освободить.-

НАЧАЛЬНИК 4 ОТДЕЛЕНИЯ ОПЕРСЕКТОРА
СВА - КАПИТАН

"СОГЛАСЕН"

НАЧАЛЬНИК СЛЕДОТДЕЛА ОПЕРСЕКТОРА
СВА ПРОВИНЦИИ БРАНДЕНБУРГ - МАЙОР

"9" июня 1947 г.

мш.

Bad Liebenwerda, Gefängnis (Studera, 1995)

Zelle Nr. 79, oben, dritte von links;
Zelle Nr. 84, oben rechts, Gefängnis Potsdam